우리 가정이 무너지고 있다

이훈구 저

法 文 社

프롤로그

한국은 1945년 해방된 이후 장대한 국가발전을 이룩하였다. 2차 세계대전 이후 약 140개 국가가 탄생했지만 민주주의 국가로 발전하고 국민소득 2만 달러를 달성한 국가는 한국이 유일하다(인구 천만 이상 국가 중). 1960년 초 한국의 1인당 국민소득은 불과 100달러였으므로 불과 반세기만에 2백배의 국민소득을 달성한 셈이다. 2010년 한국의 총 무역규모는 세계 7위로 발돋움했다.

한국이 '한강의 기적'을 거둘 수 있게 한 원동력은 국민들의 우수한 지능, 성취의욕, 높은 교육 열, 그리고 유교의 집합주의(collectivism)라는 것이 학자들의 중론이다. 유교의 집합주의는 한국인의 가족주의의 뿌리가 되고 있는데 가족주의는 가족구성원간의 끈끈한 사랑과 단결을 잉태했다.

1970년대 유명한 서양 문화인류학자가 한국의 공단을 방문하고 한 여기능공을 면담했다. 그는 여기능공의 한 달 봉급이 불과 100달러인 것을 보고 크게 놀랐다. 그를 더욱 아연케 한 사실이 있었는데 그것은 여 기능공이 그녀가 받는 봉급 100달러 중 10여 달러만 용돈으로 쓰고 나머지는 모두 가족을 위해 송금하는 것이다. 가족애가 우리와 같지 않은 서양사람에게 이는 놀랍고 충격적인 사실이 아닐 수 없었다. 그 후부터 한국은 가족이 서로 돕고 화목하고 특히 노인을 공경하는 노인의 천국이라고 외국학자들이 칭송하기에 이르렀다.

그러나 지난 50년간 한국사회와 가정이 크게 변모해 왔다. 우선 한국의 이혼 증가율이 OECD 국가 중에서 제일 높다. 요즘 젊은 신혼부부들은 별 것도 아닌 사소한 이유로 쉽사리 이혼한다. 한국의 자랑이었던 효도도 더 이상 찾아보기가 쉽지 않다. 자식들이 늙은 부모를 버거워하고 돌보지 않으려 한다.

청소년 자살율도 세계에서 제일 높다. 청소년 자살은 왕따로 인한 피해. 과도한 입시경쟁에 따른 스트레스가 주원인인데 이 주원인은 가정에서 발원하고 있다. 즉 왕따를 당하는 학생의 대부분은 부모의 독재적 양육방법으로 인해 가해학생에 대한 저항능력을 갖추고 있지 못하기 때문이다. 그리고 자녀의 학업스트레스는 부모가 자녀에게 가하는 압력과 정비례한다.

경제기적을 이룬 나라, 가정이 탄탄했던 나라에서 어떻게 이런 불상사들이 번져나게 되었는가? 이 원인이 단순히 한국으로 물밀듯 침투한 서양의 개인주의, 물질만능주의로, 학업경쟁 탓으로만 귀인할 수 있을까? 뿌듯한 경제성장 수치에 도취하지만 말고 이 시점에서 우리 가정의 암 덩어리를 철저히 추적하고 이를 제거해야 한다. 그렇지 않으면 조만간 한국의 가정은 병사할 수밖에 없다.

저자는 올해로 만 70세가 되었다. 그동안 한국가정의 반세기에 걸친 변화를 직접 눈으로 보고 이를 체험하였다. 즉 우리 가정이 어떻게 변모해왔는지 그리고 무엇이 잘못 돼가고 있는지를 판단할 수 있었다. 그러나 한 개인의 관찰과 체험만으로는 한국가정의 변천과 그 문제점을 정확하게 집어낼 수 없다. 보다 과학적이고 실증적인 자료가 필요하다.

저자는 심리학을 공부했기에 일찍부터 가족문제를 연구할 기회가 있었다. 특히 1997년 외환위기를 마지하여 수많은 한국가정이 경제파탄 났을 때 홈리스 피플을 만나 상담을 실시하였다. 그리고 지금으로부터 10년 전 무악동 평화의 집에서 빈민가정을 대상으로 상담을 시작했다. 애초 무악동에 한정했던 이 상담서비스는 바른사회시민회의의 도움으로 서울 전역으로 확대해 지금까지 진행하고 있다.

더불어 바른사회시민회의 홈페이지를 통해 인터넷 상담을 시작했는데 2011년 봄까지 1100회의 상담실적을 올렸다. 이 상담란에 많은 학생들과 젊은 세대들이 자신의 문제, 가족의 문제를 등재하고 있다. 이곳에 올려진 상담내용을 살펴보면 현 우리가정에서 어떤 일이 발생하고 있고 구체적으로 어떤 문제 때문에 가족구성원이 서로 갈등하는지를 잘 파악할 수 있다.

이 책은 저자가 그간 연구하고 상담해온 내용을 토대로 작성했다. 그러므로 여기에 제시된 내용은 모두가 사실이고 실화이다. 다만 개인의 프라이버시를 고려해 개인을 알아볼 수 있는 중요한 인적 사항은 두루뭉실하게 표현했다.

아무리 국가경제가 성장해 국민이 호의호식한다하더라도 가족이 불화하고 가정이 파탄나면 그 국민은 절대로 행복할 수가 없다. 따라서 우리는 무너져가는 우리가정을 복구하려는 노력에 심혈을 기울여야한다.

이 글이 한국가정의 옛 영화를 되찾는 일에 조그마한 도움이 된다면 그것으로 저자의 수고는 보상을 받는 셈이 된다.

차례

1

우리 가정에서 어떤 일이 발생하고 있는가; 자녀들의 이야기

애착이란

멘토링이란

한국부모의 교육열과 자녀

한국 최초의 부모 존속살해사건

좋은 양육 방법이란

1

우리 가정에서 어떤 일이 발생하고 있는가; 자녀들의 이야기

현재 우리 가정의 문제가 어디에 있는가는 이를 학술적으로 검토하는 방법이 있다. 그러나 이 방법보다는 일반인들이 쉽게 이해하고 체득하게 하기 위해서는 실제 사례를 들어보는 것이 더 좋다. 그래서 저자가 상담을 했던 몇 가지 대표적인 상담사례를 회고해 보고 그 사례가 주는 심리학적 교훈이 무엇인가를 살펴보기로 하자.

애착형성이 안된 어느 여대생의 이야기

지금부터 3년 전인 2008년 저자가 운영하는 인터넷 상담란에 대학 1학년 여학생이 충격적인 글을 올렸다. 그 내용을 여기에 그대로 옮겨보자.

> 안녕하세요?
>
> 정신과에 가서 상담을 받고 싶은데 경제적으로도 그렇고 이것저것 신경

이 많이 쓰여 망설이다가 이 사이트를 추천받게 되어 글을 남깁니다. 제가 생각하기에 제가 좀 다른 사람보다 유별난 구석이 있는 거 같아요. 몇 가지 제 행동들을 말씀드릴게요.

제가 남자친구를 사귀었는데요. 남자친구에게 우리학교에 아는 여자 이름을 대보라고 했어요. 그랬더니 "ㅇㅇ(제 친구)..ㅁㅁ(제 친구)..아 맞다!! 너!" 이렇게 대답을 하길래 화가 났어요. 제 이름이 첫 번째로 나오지 않았으니까요. 진짜 너무 화가 났어요. 이런 식으로 사소한 거에 엄청 서운하고 화가 나요. 남들은 이해 안 가는 부분에요.

그리고 자꾸 생각이 너무 많이 바뀝니다. 저 스스로에 대해서도. 저의 미래나 주위 사람들에 대한 평가도요. 제가 엄청 친한 친구가 있는데 진짜 잘 지내다가도 제가 만나자고 했는데 거절하면 "아 얘는 진짜 안 되겠다 꼴도 보기 싫다. 얘한테 뭐하자고 절대 안해야지"이러고 있어요. 그러다가 좋은 행동 보면 또 "아 얘밖에 없구나"이래요

그리고 대학을 선택하는데.. 제가 수능을 보면 서울에 있는 대학에 갈 성적이 되었어요. 근데 집에서 반대하는 거에요. 의견충돌 일어나고. 그래서 막 울면서 그냥 나의 고향의 대학에 수시 넣었어요. 짜증나서요.

또 저를 망치는 행동들을 해요. 자살시도는 말할 것도 없어요. 특히 내가 저질러 놓고도 이를 인정하기 싫은 일이면 그냥 죽고 싶어요. 그런 식으로 몇 번이나 칼로 찔렀는지 몰라요. 먹고 토하는 것도 하도 많이 해서 이도 아팠고. 몸이 엄청 붓기도 했었고 탈모도 왔었구요.

미성년자인데도 무절제한 음주와 성생활을 했어요. 일주일이면 일주일 다 마실 때도 있었고 취해서 못 가눌 정도로까지 마시는 게 다반사에요 또 처음 알게 된 남자를 부모님이 안방에 계시는데도 불구하고 몰래 제 방으로 데려와 성관계하고 그게 들켜서 약 1년을 집에 갇혀 살다시피 하고 있어요.

막 뭐만 하면 죽고 싶다, 이런 생각 엄청 많이 들구요. 많이 내뱉기도 해

요. 그리고 버려지는 거, 상처받는 거, 이런 게 너무 두렵고 싫어요. 그래서 마음 안 주려고 엄청 노력하구요. 좋아하는 사람이랑 사귀어도 몰래 바람피워요 꼭. 몸도 마음도 다 힘들어도 거의 아무나 계속 다 만나요.

주위 사람들이 절 보면 아슬아슬하게 사는 사람 같다고, 그리고 극단적이고 좀 감정적이고 충동적이고, 우울하고 불안한 면이 많은 거 같다고. 그리고 벽이 느껴진다고. 이런 말을 많이 해요.

제 모든 게 우울한건 아니에요. 장난도 잘 치고 농담 잘 하고 그러거든요. 근데 얘기를 해보면 좀 그런가 봐요. 특히 감정적, 극단적, 충동적인 면들은 제가 스트레스를 많이 받을 때 심하게 나타나요. 저도 저를 주체할 수 없을 때가 있으니까 너무 힘이 들어요. 그리고 저런 면들 때문에 많이 힘들고 불편하기도 하고.

그런데 제가 부모와 살면서 가치관이 너무 달라서 의견충돌이 많았고 현재 저는 제 부모님을 싫어합니다. 이건 제가 철이 없어서가 아니라 정말 진심입니다. 부모님과 화해하라. 부모님을 용서하라, 그런 말씀을 삼가 주시길 간절히 부탁드리겠습니다.

여하튼 누가 저한테 애정결핍과 경계성 성격 장애가 있는 거 같다고 상담을 받으면 좋겠다고 이 사이트를 권하더라구요. 그래서 이렇게 글을 남깁니다. 긴 글인데 보아주셔서 감사합니다.

나는 이 글을 읽고 큰 충격을 받았다. 미성년자가 벌써부터 성관계를 갖고 우울증과 불안감이 극심하기 때문이다. 그래서 피상담자에게 상황이 심각함을 이야기하고 꼭 심리학자를 만나 심리치료를 받아야하고 어쩌면 정신과 의사를 만나 약물치료도 병행해야 한다고 조언했다. 그리고 나로부터 상담을 받기 원하면 이 메일로 서신을 보내달라고 말했다. 그러다 약 1년이 지난 후 그녀가 나를 찾아왔다. 그리고 대면상담이 시작되었다. 약 3개월간 상담을 받은 결과 그녀의 문제행동이 어디에 있는가가 밝혀졌다. 그녀를 K로 약칭하기로 하자.

K는 낳자마자 외가댁에 보내어져 외조부모님 손에서 자라났다. 부모가 K를 외가댁에 보낸 이유는 집이 단 칸 방이고 화장실도 없어서였다. 무엇보다도 부부가 맞벌이를 하기 때문에 간난 아이를 돌볼 여유가 없었다. 어머니가 딸에게 나중에 그녀를 외갓집에 보낸 이유는 할아버지가 할머니를 구타하고 서로 잘 다투므로 애가 있으면 좀 나을 것 같아서였다고 한다.

그러나 이것은 부모가 내린 최악의 결정이었다. K는 할아버지의 사랑을 받기는 했지만 그보다 할아버지의 알콜 중독, 잦은 할머니 구타사건 때문에 수시로 불안한 나날을 보내야만 했다. 할머니가 손녀딸을 잘 거두지 못해 늘 꾀죄죄한 몰꼴로 학교를 다녀야했고 학부모회 때는 늙은 할머니가 나타나 K는 창피해 몸둘바를 몰랐다. 그 결과 그는 학교에서 왕따를 당하고 집에서도 같이 놀 상대가 없어 방에 틀어박혀 그림을 그리거나 책만 읽었다.

K가 친구로부터 완전히 고립된 반면 부모로부터도 사랑을 받지 못해 하로우와 수오미의 연구에 나오는 새끼원숭이처럼 되었다(이에 관해서는 아래의 '애착'이란 주제로 자세히 설명할 것임). 그래서 중학교에 들어가면서 그녀의 문제행동이 돌출하기 시작했다.

그녀는 짝궁이 책상에 선을 그어 그 선 이상으로 넘어오지 말라는 경고를 받았고 남들은 친구생일에 초대를 받았지만 그녀를 생일에 초대한 친구는 단 한 명도 없었다. 즉 동성친구로부터 완전히 왕따를 당했다. 그런 그녀지만 중학교에 들어가서는 키가 크고 얼굴도 예뻐 남학생들로부터 큰 환영을 받았다. 그래서 K는 동성친구로부터 받은 따돌림의 상처를 이성 친구로부터 보상받을 수 있었다. 그녀 주위에는 그녀와 사귀어 보려는 남학생이 장사진을 이루고 있었고 여러 가지 선물을 싸들고와서는 그녀를 유혹했다.

K는 여러 명의 남자친구를 한꺼번에 사귀고 이 남학생 저 남학생과 이중 삼중으로 데이트를 했다. 곧 남자를 관리하는 것이 그녀의 취미였다. 그녀가 여러 명의 남자친구를 거느리는 커다란 이유가 있었다. 그녀는 남자친구로부터 배반당하는 것을 도저히 견뎌낼 수 없다. 어려서 부모로부터 사랑을 받지 못해 심한 애정결핍을 느꼈던 그녀로서는 다른 사람이 자기를 거부하는 것은 너무나 큰 충격으로 다가왔다. 그래서 거절당할 것을 염두 해 미리 예비 남자친구를 여러 명 거느리는 것이다.

그녀는 연애를 마치 연극하듯 했다. 자기를 사랑한다고 고백하는 남자에게는 사랑하는 척하다가 그를 배반하고 다른 남자 친구 품에 안겼다. 한편 자기를 거들떠 보지 않은 남자는 집요하게 접근하여 그의 마음을 사로잡았다. 그러다가는 트집을 잡고 그를 내팽개쳤다.

중학교 3학년 때 고등학교 2학년 학생회장과 성관계를 가졌다. 그러나 그 남자친구가 사랑하는 여자가 있다는 것을 발견하고는 K는 깊은 상처를 받았다. 그에게 보복하기 위해 나이가 많은 남자와 사귀고 그 사실을 그가 알도록 조치했다. 그래서 그 남자친구가 죄책감을 느끼게 만들었다.

고등학교 2학년 때부터 교복을 사복으로 바꿔 입고 나이트 클럽에 출입했다. 나이 많은 남자들과 어울려 술을 마시고 그 사람들과 동침했다. 원조교조를 해 용돈을 벌고 명품을 사들여 친구들에게 자랑했다.

고등학교 3학년 때 새벽에 나이트 클럽 웨이터들과 모텔에서 술을 진탕마시고 학교에 등교했다. 술을 먹고 등교한 사실이 밝혀져 학교에서 큰 소동이 일어났다. 담임선생님이 부모를 학교에 출두하게 하였고 학교징계위원회에서 그녀에게 학교건물을 청소하라는 징계를 내렸다. 본래는 정학이나 전학과 같은 중징계를 내려야했지만 그녀는 선생님에게 인기가 있어 경징계를 받았다.

그녀의 음주행동, 문란한 성행위는 고등학교 3학년, 대학에 입학하고도 그대로 지속되었다. 대학 1학년 때 길거리에서 만난 대학생을 부모가 자고 있는 자기 집으로 데리고 가 자기 방에서 성관계를 했다. 술이 엉망으로 취한 상태에서 그런 퇴폐적이고 불경(不敬) 행동을 한 것이다. 그 사건으로 부모와 K녀 간에는 두꺼운 장막이 내려졌고 야간 외출금지령이 발동되었다. 외출금지령으로 숨이 막힌 그녀는 가출을 감행해 그간 사귀었던 자기보다 14살이나 더 먹은 중년 남자 집으로 도피했다. 그리고 그 남자와 1달간 동거생활을 했다. 부모가 딸의 소재지를 수소문해 찾아냈고 그녀는 어쩔 수 없이 집으로 귀환했다. 그러나 그녀의 외출금지를 철회하겠다는 조건하에서다.

문란한 성생활, 카사노바와 같은 연애행각, 원조교제 외에 그녀의 큰 문제는 알콜 중독이다. 남들이 잘 마신다고 칭찬하는 바람에 그녀는 잘 받아들이지도 못하는 술을 억지로 퍼마셨다. 소주 1병을 세 모금 만에

다 비울 정도이고 마셨다하면 소주 3~5병은 거뜬히 해결했다. 그 결과 그녀는 위장병으로 고생하게 되었다.

K가 이렇게 망가진 원인은 무엇일까? 그녀의 성장사를 좀더 자세히 살펴보자. 그녀는 초등학교 5학년 때 외가에서 부모 품으로 돌아왔다. 그러나 그녀의 부모는 그녀를 외가에 보낸 것을 크게 후회하고 죄책감을 느껴 그녀를 다잡지 못했다. 게다가 연년생으로 그녀의 남동생이 태어났고 아들을 품어 안고 키우다 보니 딸보다는 아들에게 더 정이 갔다. 부모와의 애착형성이 되지 않은 K는 부모가 자기보다 남동생에게 더 살갑게 대하는 것을 보고 질투심에 휩싸였다. 그 결과 그녀는 섬섬 더 비뚤어졌고 부모와는 철전지 원수가 되었다.

이 사례는 어려서 부모와의 애착이 얼마나 중요한가를 우리에게 경고하고 있다. K가 미성년자로서 원조교제를 하고 14살차이가 나는 남자와 동거생활을 하며 알콜 중독자가 되고 깊은 우울증으로 고생하는 것은 근본적으로 그녀의 어머니가 딸을 키우지 않았고 그녀에게 사랑을 베풀지 못했기 때문이다. 즉 두 모녀 사이에 애착형성이 안된 것이 그 큰 원인이다. 그러면 애착이란 무엇인가?

애착이란

부모와 자녀간의 상호관계에서 제일 중요한 것은 애착 형성이다. 애착이란 부모가 자식이 어렸을 때 잘 보살펴주어 둘간에 애정이 싹트는 것(attachment)을 말한다. 애착의 중요성은 심리학자의 동물실험에서 잘 나타났다. 하로우와 수오미(Harlow & Suomi, 1972)는 갓 태어난 어린 원숭이를 우리에 넣어 혼자 자라게 했다. 그런 후 우리에 모조어미를 두 개 만들어 넣었다. 한 모조는 우단으로 만들었고 다른 모조는 철판으로 만들었다. 그런데 우유병은 철판으로 만든 모조어미가 갖고 있었다. 새끼 원숭이가 배가 고프면 어느 모조어미로 갈까? 원숭이는 먼저 우단으로 만든 모조 어미에게 안긴다. 그리고 손을 내밀어 철판원숭이가 가진 우유를 가로 챈다(그림 1 참조). 왜 그럴까?

그림 1. 동물 애착의 중요성을 실험한 장면

고립해 성장한 새끼 원숭이는 어미의 부드러운 품을 갈망한다. 그래서 배가 고프더라도 먼저 우단 모조어미의 품에 안기는 것이다. 실험자가 우리 안에 시끄럽게 소리가 나는 장난감을 집어넣고 새끼 원숭이의 행동을 살폈다. 놀란 원숭이는 재빨리 우단 모조어미 품에 안겼다. 새끼 원숭이가 놀랐을 때에도 엄마 품이 필요한데 엄마 품에 안기면 공포감이 사라지기 때문이다.

새끼 원숭이가 어느 정도 커 이번에는 동료원숭이가 있는 곳에 집어넣었다. 그랬더니 고립해 키운 원숭이는 동료원숭이를 피해 구석으로

가 부들부들 떨었다. 암놈이 접근하면 이빨을 드러냈다. 정상적으로 자란 원숭이는 암놈이 오면 환영하고 교미행동을 보이는데 고립해 자란 원숭이는 이런 구애행동을 하지 못했다.

이 실험결과를 토대로 하로우와 수오미는 어렸을 때 엄마가 새끼를 잘 돌봐주고 사랑해 주는 것이 절대적으로 필요하다고 주장했다. 그러면 모자간에 애착이 형성된다. 안정적으로 애착이 형성된 새끼는 커서 자신감을 갖고 활발하게 세상을 탐험하며 친구를 쉽게 사귀며 이성간의 애정도 정상적으로 발달한다. 그러나 고립해 자란 새끼 또는 어미가 새끼를 거부하여 어미–새끼 간에 회피적 또는 저항석 애삭이 형싱되면 새끼는 자라서 우울증에 빠지고 친구관계 그리고 이성 관계에 장애를 겪는다.

하로우와 수오미의 연구결과를 토대로 발달심리학자들이 아동을 대상으로 애착이 주는 효과를 연구한 결과 사람도 마찬가지라는 결과를 얻었다.

사는 게 지루하다는 여대생 이야기

2007년 6월 우울증과 정체혼미에 빠졌던 한 여대생이 저자의 인터넷 상담란을 두들기고 상담을 요청해 왔다. 그녀를 S라고 칭하고 그녀의 호소문을 여기에 옮겨보자.

> 교수님 안녕하세요.
> 저의 고민을 들어주세요. 어디다 얘기 할 데도 없고, 하지만 너무 답답해

서 이곳에 글을 올립니다. 제 소개를 하자면 저는 이제 막 대학교에 입학한 20살의 여대생입니다. 무슨 이야기부터 꺼내야 할까요. 저는 오늘 갑자기 티비 드라마에서 주인공이 "인생 사는 게 지루하다"라는 대사를 듣고 생각을 해보았습니다. 나도 인생을 지루하게 사는 것인가 하고요. 그동안 지루하게 살면서 그 사실을 내가 인정하지 않으려고 했던 게 아닌가라는 생각을 했습니다. 집안 분위기도 좋지 않고, 학교생활도 그리 즐겁지 않고. 요즘에 저의 고민은 저의 미래에 대한 것도 있고, 집안 분위기, 학교 적응, 대인 관계 등등이에요. 저를 힘들게 하는 게 도대체 무엇일까요? 우선 저의 미래에 대한 걱정을 말씀드리자면요, 학교 적응이랑도 관련이 있는데요, 제 기억으로는 전 초등학교 때부터 스스로 열심히 공부했던 게 기억이 나요. 어떻게 그렇게 했는지는 모르겠지만, 초등학교 당시에는 대단히 의욕적이었다는 생각이 들어요. 하지만 기억을 중학교 때로 거슬러 올라와보면, 그때도 공부는 의욕적으로 했지만, 저의 성격은 말이 많이 없었던 게 느껴져요. 그렇게 고등학교를 올라오면서, 2년 반장도 하고 나름 활달한 활동을 한 것처럼 보이지만, 전 제 의사를 확실히 표현 할 줄 몰랐고, 목표도 없고, 대인관계도 그렇게 깊고 넓지 못했어요. 갈수록 집중력도 떨어지고, 어렸을 땐 공부에 대한 욕심으로 가득했었는데, 그런 것도 갈수록 줄어들었어요. 의욕도 떨어지고. 그 때 목표의 필요성을 느끼면서도 전 내가 좋아하는 일이 무엇이고, 잘 할수 있는 게 무엇인지 몰랐기 때문에 선뜻 목표를 정하지 못했어요. 그냥 점수 나오는 대로 공부를 하다보면 언젠가 목표가 생기겠지, 이런 식으로 공부를 했습니다. 그리고 원했던 만큼은 아니지만, 한 대학에 입학을 했습니다. 하지만 과는 제가 전혀 생각치도 못한 쪽으로 왔구요. 거기에다가 생각치도 못한 여대에 왔어요. 그래서 1학기 초 때는 내가 이 길로 잘 온 건가 하는 생각으로 회의감이 많이 들었었는데요, 그러다가 또 다른데 가도 마찬가지겠지 하고, 나름 적응을 하고 다녔어요. 하지만 중간, 기말 시험을 보고 성적까지 나온 이 시점에서 다시 회의감이 고개를 드네요. 고등학교 때는 그런 목표라도 있었어요. 대학에 우선 가자, 대학에 가면 내가 원하는 모습으로, 새로운 모습으로 시작할 수 있겠지, 내가 원하는 공부도 하고, 하지만 현실은 그 생각과 먼 거 같아요. 아직도 목표가 없어서 헤매고, 제가 할 수 있는 일이 무엇인지도 모르겠고, 목표 없이 그냥 이 길로 가는 게 맞는 것인지도 두렵네요. 당연히 성적도 좋지가 않고요, 시험공부할 때도 의욕이 생기지가 않았어요. 그럼에 따라 또한 대학생활의 대인관계조차 원만하지 않은 거 같아요. 아니 사실 저는 대학뿐만 아니라 전체적인 대인관계가 원만하지 않네요. 고등학교 때 정말 친구다라는 친구들을 사귀고, 그때 성발 좋았넌 거 같아요. 그때 담임선생님도 저를 많이 믿어주시고, 빈 아이들과도 원만하고, 정말 제가 제일 행복했던 때를 고르라면 그 때였던 거 같아요. 그래서 정말 친구들과 수다다운 수다도 해보고, 서로 고민상담도 해주고, 정말 나도 진정한 친구가 생겼구나라고 생각했죠. 하지만 지금 와서는 제 고민을 이야기하기가 쉽지가 않네요. 저는 오래전부터 인간관계에서 사람들 한 명 한 명을 부정적으로 보는 습관이 있는 거 같아요. 처음부터 그러는 것은 아닌데요, 친해지면서 그게 더 심해지는 거 같아요. 정말 그 사람의 행동이 나쁜 건지 아님 내가 정말 부정적인 성격이라 그런 건지는 몰라도, 지금 대학에서 같이 다니는 친구도, 갈수록 부정적인 면만 부각되서, 학교생활이 즐겁지가 않아요. 대학가서도 멋진 친구들도 많이 만들고 즐겁게 같이 놀러 다니고 그러고 싶었는데, 제 고민 하나 제대로 이야기할 수 있는 친구조차 없네요, 그래서 지금 더 힘든지도. 지금 저의 집에는 아빠, 엄마, 저 이렇게 3명이 살아요. 언니는 올해 5월쯤에 외국으로 유학을 갔구요. 기간도 아주 길게 간 거라 아마 호주에서 계속 거주를 할 확률이 더 높아요. 엄마 아버지는 대화를 안 한지 거의 2년 정도? 두 분은 자주 싸우셨습니다. 제가 고3일 당시에는 저 모르게 이혼이야기도 오갔던 거 같습니다.

근데 이혼이야기를 꺼낸 것은 아버지였습니다. 어머니의 성격을 더 이상 참지 못하겠다는 것이였죠. 그 때 들었을 때는, 생각보다 별 느낌이 없었는데요, 두 분이 진지한 대화를 나누고 진짜 이혼할 수도 있겠다라는 생각을 하니깐 눈물이 났어요. 하지만 결과가 좋게 되자 정말 저는 희망을 갖게 됐죠. 우리 가족도 다시 해낼 수 있겠지 라고요. 그 이후로 두 분은 많이 노력하셨어요. 어색하지만, 그 동안 무뚝뚝하게라도 잘해보려고 노력을 하셨지요. 하지만 몇 달 후 상태는 다시 제자리로 돌아왔습니다. 그러고 지금까지 그 상태가 이어지고 있지요. 항상 대화가 싸움입니다. 엄마는 항상 따지고, 비난하고, 아버지는 인제 체념한 듯 무시합니다. 모든 대화가 이런 대화뿐입니다. 아빠가 무슨 행동을 하든 엄마는 꼬투리를 잡아 투덜대고, 화를 냅니다. 저는 어렸을 적부터 어머니와 마찰이 많았어요. 중학교 때부터인데요, 초등학교 때는 무조건 강압적으로 때리고 혼내시는 엄마를 무서워했던 거 같아요. 그렇다고 항상은 아니고 혼낼 때만. 그러다가 중학생 되면서부터 저도 반항을 하게 됐는데요. 제 생각이 맞다고 생각한 걸 이야기하기 시작한 거죠. 하지만 제 생각을 이야기할 때마다, 제대로 들어주신 적이 없었어요. 제 입장에서 생각해보라고 이야기해보아도, 항상 엄마는 엄마의 억지 입장만 더 늘어놓으셨죠. 정말 많이 싸웠어요. 엄마랑도 고3때까지 계속 싸웠죠. 그래서 저도 엄마한테 제 애기하는 것도 지치고 그래서 엄마 말을 많이 무시했었어요. 또 그거 때문에도 많이 싸웠었어요. 하지만 항상 결론은 안 나고, 끝났습니다. 지금은 좀 많이 나아졌는데요, 언니가 유학가고 엄마가 많이 힘들어하는 거 같아서 저도 잘해주려고 노력하고, 엄마도 저한테 더 의지하는 거 같거든요. 아빠와는 어렸을 적부터 별 문제가 없었어요. 아빠는 잘 혼내는 성격도 아니고, 관섭을 많이 하시는 성격도 아니시거든요. 하지만 지금 저는 아빠가 짜증이나요. 능력이 없는 아빠. 이러면 안 되는 걸 알면서도 아빠가 말 걸면 대답도 하기 싫고. 요즘 그래요. 제가 그래서 그런지 아빠가 더욱더 저한테 자상하게 대하실려고 그러는데요, 그래서 말도 더 자주 걸고. 하지만 그럴수록 더욱 짜증이 나요. 그러다가도 또 아빠를 보면 눈물이 나고 그럽니다. 그래서 마음을 다잡고 다시 잘 대해볼라고 해도 맘대로 안 돼요. 아빠는 지금 하는 일이 거의 없는 거 같아요. 한때 PC방을 전전하면서 시간을 때우셨는데요, 그것도 엄마한테 걸려서 요즘은 무엇을 하시는지. 밖에 나가서 무슨 일을 하시는지 모르겠네요. 엄마는 막노동이라도 뛰라고 투덜대시고. 제 다음 학비조차 낼 수 있을지 모르겠어요. 그래서 휴학을 해야 되나. 저도 어떻게 될지 모르겠네요. 학비 내도 힘들게 또 어디서 빚 얻어서 학비를 구해 올텐데. 의욕적으로 열심히 하는 것도 아니고 학교에 대해서 확신도 없이 그 돈을 축내는 거 같아서 유학해야 되나라는 생각도 하고. 하지만 저는 이런 것들 그동안 많이 힘들다고 생각하지 않았어요. 그냥 그냥 다 무시해 버릴려고 했죠. 그러려니.....언젠간 어떻게 되겠지... 하지만 요즘은 그게 잘 안 돼요. 이것저것 고민할게 너무 많다 보니깐, 이것도 짜증나고 저것도 짜증나고 이 일 안 되는 게 다 저 일 때문인 거 같고, 그래요. 그래도 해결책을 찾아볼라고 머리 속 생각을 하면 항상 이 일 저일 생각하다가 결론도 못 내고 끝내버리기 일쑤에요. 항상 생각만 많죠, 결과도 없이. 요즘은 제일 힘든 게요, 저에 대한 거 같아요. 이런 해결책도 제대로 생각하지도 못하고, 주체적으로 무엇 하는 것도 없고, 특별나게 잘 하는 것도 없이, 항상 제자리이고, 아니 점점 더 나빠지는 거 같고. 점 점 더 내가 망가져만 가는 거 같고. 이렇게 평생을 사는 건 아닌가, 이런 생각을 하면서도, 좋아질려고 해도 의욕이 없어요. 왜 그래야 되는지, 정말 오늘 딱 드는 생각은 인생을 왜 살까 이란 생각을 했어요. 답을 내볼려고 해도 답이 쉽게 나오질 않네요. 누굴 위해 사는 걸까, 사람들은 모두 무엇을 위해 그렇게 악착 같이 사는 걸까. 이런 일상이 계속 될걸 생각하니깐 갑자기 무섭고, 눈물이 나요. 모든 걸 새로 싹 다 시작하고 싶고 그래요. 그래서 이렇게 상담도

신청하게 된 거고요. 그동안 머리 속으로 고민한 게 많은데, 다 기억이 나지는 않네요. 모두 다 털어놓고, 제 모든 걸 말해드리고 싶은데. 그럼 나중에 또 찾아와도 될까요? 이렇게 긴 글 여기까지 읽어 주셔서 감사해요!!

S녀의 글을 보면 그녀는 전공과목의 회의로부터 시작해 앞으로 어떻게 살아가야할지의 그 인생목표가 흔들리고 있었다. 어쩌면 처음부터 자아정체를 제대로 하지 못했을 것이다. 더 깊은 대화를 위해 대면상담을 하기로 했고 그녀와 18차례에 걸친 긴 상담으로의 여행이 시작되었다.

먼저 그녀가 현재 제일 고민하고 있는 것이 자기 전공에 대한 회의인데 이에 관해 진지한 토론을 시작했다. 대부분 중하류 층의 부모가 그렇듯이 그녀의 부모는 그녀가 대학에 입학할 때나 현재 대학생인 때를 막론하고 부모의 역할 즉 멘토로서의 역할을 전혀 하고 있지 않다. 그래서 그녀의 자아정체가 혼미했다.

우선 S녀의 부모는 그녀가 대학의 과를 정할 때 아무런 도움을 주지 못했다. 그녀 자신이 대학에서 컴퓨터학과를 전공하게 된 동기가 애매했다. 과의 이름이 멀티 정보학과라서 정보관계 문제를 공부하는 줄 알았다고 한다. 그러나 입학하고 보니 컴퓨터학과여서 자신도 놀랐다고 한다.

그녀의 부모는 딸을 학원에 보내고 공부를 독려하는 것으로 부모로서의 역할을 끝냈다. 그녀의 적성을 파악하고 그녀의 꿈과 소원을 들어보고 앞으로 어떤 직업을 택하면 좋을 것인가를 제안하지 못했다. 비단 그녀 부모만 그런 것이 아닐 것이다. 현재 학문의 세계, 직업세계가 너무 복잡하고 종류가 많아서 인텔리층의 부모라 할지라도 자식에게 적합한 진로를 선정해 주기가 만만하지가 않다. 그러니 S의 부모와 같은 일반서민들에게 자식의 진로지도란 너무나 힘겹고 막막한 일이 아닐 수 없다.

S는 전과를 고려하고 있다고 말했다. 그래서 어떤 과로 전과할 것인가하고 물었더니 회계학과라고 말한다. 왜 하필 회계학과냐고 물었더니 회계학과가 취업이 잘 될 것이기 때문이라고 한다. 전과를 고려하는 또 다른 이유는 무엇인가하고 물었더니 지금 전공을 열심히 하는데도 성적이 잘 나오지 않기 때문이라고 한다. 컴퓨터학과의 취업률을 물어보니 취업은 잘 된다고 한다. 경기가 어려운 현재에도 졸업생 중 노는 선배는 한 사람도 없다고 한다.

저자는 S가 부모 특히 어머니와의 관계가 좋지 않기 때문에(그녀 어머니는 잔소리를 많이 하고 강박적인 성격의 소유자다) 대학졸업 후 독립해 사는 것이 좋은데 그렇다면 현재 컴퓨터학과를 빨리 졸업하는 것이 바람직하다고 조언했다. 회계학과로 전학하려면 학원에 가 전학공부를 해야 하고 또 전과하면 그만큼 시간이 지체되니 잘 생각해보라고 말했다. 저자가 그렇게 조언한 이유는 그녀가 아직 확실하게 자신의 적성을 파악하지 못하고 있다고 판단했기 때문이다. 어떤 때는 그녀가 법학과로 전과했으면 좋겠다고 말해서 그 이유를 물었더니 법학과 강의를 하나 들었더니 그 강의가 마음에 들었기 때문이라고 한다. 그녀는 자아정체를 확립하지 못해 아직 자기 전공에 관해서도 방황하고 있었다. 저자는 학과 전과는 좀 후에 다루기로 하고 그녀가 불안하고 자신감이 없게 된 원인에 관해 토론하자고 말했다.

S가 불안하고 우울한 것을 지적하고 그 원인은 부모가 불화하기 때문이라고 말했다. 그리고 부모의 불화에 대해서 그녀가 할 일은 아무것도 없으니 그냥 모른 채 넘기는 수밖에 도리가 없다고 말했다. 그리고 현재 S와 어머니와의 관계도 좋지 않은데 정 어머니와의 관계가 잘 해결되지 않으면 졸업해서 직장을 가진 후 독립하는 것이 최상책이라고 말했다. 그리고 그녀가 성적이 안 오르는 이유는 아마 가정환경 때문에 정신이 집중되지 않고 의욕이 없어서 일 것이라고 말했다.

자신감이 없고 친구관계가 서먹서먹한 것에 관해 관해서도 상담을 했다. 그 결과 저자는 그녀가 집안이 어려워 아르바이트를 하고 있다는 사실, 그에 비해 친구들은 풍족한 대학생활을 하는 것 때문에 주눅이 들어있다는 사실을 알게 되었다. 그래서 그녀에게 시간제 아르바이트 예컨대 커피서빙이나 편의점에서 일하기보다는 가정교사자리를 찾아보라고 권했다.

18차에 걸친 긴 상담을 통해 그녀가 자신의 고민을 털어놓고 그에 따라 해결책을 서로 상의하여 이를 실천한 결과 그녀는 괄목할 만한 심리적 변화를 보였다. 우선 저자가 그녀에게 전공공부를 열심히 하여 다음 학기에는 장학금을 받으라는 충고가 먹혀 들어갔다. 공부를 열심히 할 뿐만 아니라 내가 시키지도 않았는데 그녀는 여름 방학에 자진해 지난 학기 때 성적이 나쁘게 나온 과목을 재수강했다. 나쁜 성적을 바꾸기 위해서다. 그러면서 자기 전공에 대한 애착과 자부심이 생겨났다. 알고 보니 멀티 정보학과가 교내에서 입학 커트 라인이 제일 높고 취업률도 최고라는 것이다. 그래서 자기 전공에 대한 자부심이 생겨났다고 말한다.

또 다른 좋은 결과는 그녀가 친구와 대학 취업처를 통해 과외지도를 두 건이나 하게 되었다는 것이다. 전에는 커피서빙을 하는 아르바이트를 하는데 그 일은 힘은 들고 월급은 적었다. 저자가 우려하는 것은 그런 아르바이트를 하는데서 오는 그녀의 자존심 손상이었다.

그녀가 부모의 불화는 더 이상 자기가 관여하여 해결할 수 있는 문제가 아니라는 것을 깨닫고 이에 관해 더 이상 신경을 쓰지 않게 되자 그녀의 불안감, 강박관념도 많이 사라졌다.

그녀는 지금처럼 행복했던 때가 없었다고 털어놓았다. 이제 1년 정도만 열심히 공부하면 졸업하고 취업해 언니처럼 자기도 독립할 수 있다는 기대가 그녀를 다른 사람으로 바꾸어놓았다. 만일 그녀의 부모가 저자가 한 것과 같은 멘토링을 했다면 그녀는 지금까지 우울하고 불안하며 자아정체 문제로 방황하지 않았을 것이다.

멘토링이란

부모는 자녀에게 훌륭한 교육자 역할을 한다. 자녀는 태어나면서부터 부모를 통해 세상 살아나가는 방법을 배운다. 일상생활방법은 물론 세상을 어떻게 살아가야하는가 하는 삶의 철학에 관해서도 부모로부터 많은 것을 배운다. 꼭 학교서 하는 식으로 말이나 글로만 배우는 것이 아니다. 부모의 행동, 가치관, 철학이 자연히 자녀에게 이식되는 것이다. 심리학적으로 말하면 자식은 부모와의 동일시를 통해 부모의 가치관 인생철학, 그리고 양심을 모방한다.

그러나 자녀가 점점 커가면서 부모의 멘토로서의 역할은 점차 줄어든다. 거기에는 두 가지 큰 이유가 있다. 하나는 자녀가 이제 머리가 커져 부모의 가르침을 거부하기 때문이다. 즉 자기 스스로 결정하려는 독립심과 자율성이 높아지기 때문이다. 두 번 째 이유는 부모 스스로 지식이나 능력이 부족해 자녀에게 맨토로서의 역할을 잘 할 수 없기 때문이다. 예컨대 자녀가 청소년이 되어 자아정체를 하거나 진로설정을 할 때 대부분의 부모들은 자녀의 멘토가 되지 못한다. 좀더 구체적으로 말한다면 자녀가 대학의 전공을 무엇으로 할 것인지로 고민할 때 자녀에게 도움을 주지 못하는 경우가 많다. 그 이유 중의 하나는 부모가 최근의 직업세계를 잘 모르고 자녀의 적성이 어디에 있는지도 판단하기 어렵기 때문이다. 그리고 자녀가 대학에 입학하여 인생을 어떻게 살아 갈 것인가로 고민할 때도 부모가 멘토링을 할 수 없는 경우가 많다. 그런 경우 자녀는 고민하고 방황한다.

자녀의 진로지도와 관련해 맨토 역할을 할 수 있는 많은 부모들조차 자녀의 적성을 따져보고 자녀의 대학진로를 결정하지 않는다. 수능시험성적에 맞추어 대학의 과를 결정한다. 그 결과 많은 대학생들이 대학에 입학하여 자기 전공에 회의를 품고 우왕좌왕한다.

S의 예는 자아정체확립이 얼마나 중요한가를 시사한다. 자아정체가 혼미한 상태에서 그녀가 처한 불우한 가정환경 즉 부모의 불화, 가난은 그녀가 일류대학의 일류학과에 재직 중임에도 불구하고 그녀를 무기력

하게 그리고 체념하게 만든 것이다.

부모가 자녀를 극진히 사랑하고 돌보는 것도 필요하지만 그에 못지 않게 자녀의 자아정체를 올곧게 형성해주는 노력이 절실하다.

기 싸움에 지친 여고생 이야기

2010년 고3 여학생이 상담을 요청해 왔다. 처음에는 인터넷 상담을 하다 대면상담으로 이어졌다. 그녀의 고충을 들어보자.

안녕하세요~ 교수님,. 저는 올해 고3인 여학생입니다. 다름 아닌 자존감의 하락... 아니 어쩌면 오래전부터 자존감이 없어서일 수도 있겠네요. 자존감이 너무 낮습니다. 구체적으로 몇가지 증상을 말씀드리고자... 카페를 둘러보다가.. 자존감이 낮은 사람의 특징을 찾아보았는데요. 거기에 제시된 10가지 항목이 저에게 다 맞습니다.. 다요... 한개도 빼먹지 않고.. 학교에서의 예를 들어드리면 ... 학교가 가기가 싫습니다.. 애들이 다 저를 보면 찌질하다고 생각할 것 같기 때문입니다.. 제가 얼굴은 좀 괜찮은 편인데,,, 아주 못생기지 않았구요,, 암튼 왠지 ... 저는 그리고 얼굴이 못생긴 게 아닌데,, 흔히 말하는 모범생이라서요.. 공부를 잘해서가 아니고 그냥 안 노는 사람있잖아요.. 놀지 않는 학생.. 여자애들끼리는 기싸움 같은 게 있는데,, 고개만 푹 숙이고 다니고 싶고.. 용기도 안나고.. 왠지 남녀 상관없이.. 물론 남자애들은 지들끼리 낄낄 안거리지만.. 애들끼리 저를 쳐다보면 독심술인가요? 막.. 그 '재는 얼굴은 괜찮은데.. 왤케 애가 찌질하냐...'라고 생각할 것 같아서. 죽을 것 같아요... 저도 제 자신이 찌질하다고 생각하거든요. 그리고.. 또 저는 제자신이 공부를 잘 할 수 있을 거라는 생각도 안 들어요. 해봐야 뭐가 되나요.. 미래에 사회에 나가서 잘 살아갈 자신도 없고... 지금도 이렇게 자존감이 낮고, 자신감이 없어서 걱정인데,, 사회인이 된다는 건 제게 큰 부담인 것 같아요. 내년이면 20살인데.. 대체 왜이러는지. 그리고 제 주장을 남한테 딱 드러내지 못해요.. 팔랑 귀에다가.. 남이 이야기 하면 그게 다 맞는 것 같고, 제 의견은 없고... 심지어는 지금 어울리고 있는 친구가 절 더러 '너는 네 주장이 별로 없는 거 같아'라고 정확히 짚어주었다니깐요. 그 말듣고 얼마나 기분이 상했는데요.. 사실이지만.. 그래서 그런지 애들이 저를 만만하게 보고, 얕보는 것 같기도 하고요... 주장이 없어서...하아... 왠지 제가 뭘 말하면 남들의 기분을 나쁘게 하는 것 만 같구요 ... 남의 눈치만 보고 살구요.. 아 또,, 참.. 중요한건 정말 최근의 일인데요... 반에 어떤 남자애가 있어요. 그 애랑 원래 모르던 사이인데 3학년 되어서 이제 같은 반인데요. 선생님들이 수업하시다가 웃기시면 같이 잘 웃고 그러거든요? 그러다가 서로 눈이 마주쳐서 같이 웃는 모습을 보이기도 했어요. 근데 어느새 부터인가 걔가 저를 이상하게 보는 것 같은 거예요. 처음에는 관심있게 저를 봐주다가 '이제 너한테는 관심 없다!'이런 눈빛으로 느껴지더라구요. 그래서 상당히 기분이 나빴어요. 물론 별로 친하지도 않은 앤데. 그리고 여자애들은 빼고, 저희 반 남자애들이 저한테 관심이 있는 것도 같으면서... 저를 찌질하다고 생각하는 것 같아요. 그리고 이건 분명 모함이에요. 지난해의 반에서는 어떤 뒷담 잘 까는 미친 여자애가 막 저에 대한 뒷담 좀 까고 다녔거든요? 그리고 반에서 거의 찌질한 사람같이 다른 애들한테 인식이 되고 그랬어요. 분명 2학년 때 우리 반이었던 모든 애들이 지금 3학년 때 같은 반 된 애들 중에 친구가 있을 건데, 누군가 제 욕을 했나 라는 생각밖에 안 들어요. 이렇게요.. '야, 걔 되게 찌질한 애야. 공부만 해' 막 이런 식으로요... 그렇지 않을 수도 있는데 자꾸 이렇게만 생각이 되네요... 내 주장도 제대로 못펴고. 남의 시선만 의식하고. 나보다 남이 중요하고. 제 자신이 할 수 없다는 생각만 들고. 미래에 대한 희망도 없고. 정말 세상을 떠나고 싶네요. 도대체! 어떻게 하면 제 자신을 믿고, 사랑하고, 자존감을 드높히고, 자신감을 가질 수 있을까요? 혼자서라도 할 수 있는 프로그램 같은 것은 없나요? 꼭 좀 알려주세요 ~ 교수님. 어쩌다 보니 긴 하소연이 되었습니다.상담이 곧잘 올라오는 것 같은데.. 저도 부탁드립니다. 감사합니다, 교수님.

저자는 H양의 문제는 자신감의 부족 그리고 친구와의 관계 때문인 것으로 지레 짐작 했다. 그러나 정작 대면상담을 하고 보니 그 문제는 부차적인 것이었다.

상담 첫날 어머니가 같이 왔다. 그래서 잠시 어머니와 함께 이야기를 나누었다. 그랬더니 어머니는 요즘 딸이 공부를 팽겨쳐 속상하다고 하소연한다. 그러면서 말하는데 눈에 눈물이 글썽인다. 얼마나 속이 상했으면 첫 대면에 딸 이야기를 하면서 눈물을 흘리나하고 아연했다. 어머니를 내 보내고 딸과 정식으로 상담을 시작했다.

H양은 초등학교 때는 만판 놀았다고 한다. 그러다 중학교 2학년 때 마음을 가다듬고 공부를 열심히 해 전교 5등을 했다. 그리고 나서 더 의욕적으로 공부를 해 반에서 일등을 하려고 아등바등했는데 그 일등을 놓쳤다고 한다. 일등을 하는 애는 자기처럼 죽어라고 공부하는 것이 아니고 놀 것 다 놀고 하는 것 같은데 도저히 그 애를 따라갈 수 없었다고 한다. 그 애는 얼굴이 미모인 얼짱이라서 자기가 더 기가 죽었다고 한다.

그 후부터 "나는 아무래도 2등짜리야 반에서 인기도 없고 친구도 잘 안 따르고" 이렇게 자기자신을 학대하게 되었다. 그러다 보니 공부하기가 죽어라고 싫어지고 그래서 저자의 상담란을 찾았다고 한다.

고등학교에 들어와서는 더욱 공부를 하지 않아 지금은 내신이 2등급 또는 3등급짜리 과목도 있다고 한다. 영어는 그래도 괜찮은데 국어가 영 엉망이라고 한다. 아무리 공부해도 자기는 성적이 안 나오고 다른 애는 설렁설렁하는데도 성적이 잘 나오는 것을 보면 무기력해진다고 한다. 그 이야기를 들은 어머니가 저자에게, 그것은 자기가 잘못한 것이라고 말한다. 아이에게 책을 읽게 해야 하는데 책을 못 읽게 하고 학교공부만 열심히 하게 했다고 한다. 딸도 자기가 만화책을 보고 싶은데 엄마가 이를 허락하지 않아서 속상했다고 술회한다. 애들이 만화책에서 소설이나 위인전으로 자연스럽게 책 읽는 습관을 갖게 되는데 자기는 책을 읽지 않아서 국어성적이 잘 안 나온다고 호소한다.

어느 정도 학생의 문제가 짚어졌다. H양은 무남독녀로서 부모의 기대가 크다. 어머니가 딸의 교육에 지극정성이어서 피아노도 가르치고 학원에도 보냈다. 그러던 차 딸이 드디어 중학교 2학년 때 전교 5등을 해 부모로서 마음이 뿌듯했다. 그러나 왠지 그 후부터 딸이 학업에 흥미를 잃고 점차 성적이 떨어졌다. 고등학교 때 당연히 외고에 입학했어야하는데 외고입시에도 낙방해 실망이 이만 저만 아니다. 그런데 지금 고 3인데 아직도 정신을 못 차리고 있다는 것이 엄마의 하소연이다.

첫째 날 면접에서 필자는 H양에게 누구나 힘들고 어렵게 공부하는 것이지 설렁설렁 공부해 일등을 하는 것이 아니라고 말했다. 그리고 상담란에서 글을 올린 것처럼 공부가 싫다고 죽으려는 것은 바보짓이다.

공부를 잘 한다고 모두 다 출세하고 행복한 것은 아니다. 미국에서는 대학교에 가 공부를 본격적으로 하는데 H양이 지금 정 힘이 들면 대충 대충 공부하고 대학교에 가 열심히 공부하라고 격려했다.

둘째번 면접부터는 H양이 갑자기 학업에 흥미를 잃게 된 원인이 무엇인가를 규명하기 위한 구체적 작업에 들어갔다. 혹시 부모의 금슬이 좋지 않은가를 물었더니 그런 것은 없었다. 아버지는 착하기 그지없고 엄마도 자기를 사랑하는데 다만 공부 때문에 자주 싸운다고 한다.

혹 친구로부터 왕따를 당한 적이 있는가를 조심스럽게 살펴보았다. 고등학교 1~2학년 때 친구들이 자기가 자기주장을 하지 않고 시키는 대로 하니까 깔보고 찌질이 같다고 혹평한 적이 있다고 한다. 그러나 지금은 평소 친한 친구들과 같은 반이 되어 친구관계에 문제가 없다고 한다. 다만 친구들과의 기 싸움에는 아직도 자신이 없다고 한다. 그래서 어떤 기 싸움을 하는가하고 궁금해 물었더니 수업 중에 얼굴이 친구하고 마주치면 눈길을 피하지 않고 서로 째려본다는 것이다. 그런데 자기는 늘 그런 기 싸움에 진다고 한다. 이런 이야기를 들으니 한국 학생들이 학업경쟁에서 갖는 스트레스가 상당히 심각하다는 것을 알게된다. 기 싸움은 스트레스 때문에 하는 것이고 그 원인은 학업 경쟁이 심하기 때문이다. 친구가 친구로 보이지 않고 자기 성적의 경쟁자로만 보이기 때문에 사소한 눈싸움에도 서로 지지 않으려고 아웅 다웅하는 것이다.

외모에 대한 자신감도 문제가 없었다. 현재 치아를 교정하고 있는 중인데 그에 따라 얼굴이 더 예뻐졌다고 말해 자신의 용모에 대해 긍정적인 평가를 하고 있었다. 그러면 무엇이 문제인가? 아무리 추적해보아도 H양을 갑자기 공부에 전념하지 않게 만드는 다른 뚜렸한 외부적 원인이 없었다. 그렇다면 그 원인은 H양 자신에게 있는데 이제 공부가 지겨워진 것이다. 위에서 말한 것처럼 다람쥐 쳇바퀴 같은 학교생활과 입시지옥에 넌덜머리가 나고 아무리 죽어라 공부해도 1등을 할 수가 없었기 때문이다. 엄마는 성적이 올라가지 않아 이제 좋은 대학은 커녕 서울에 있는 대학에 갈수 있을런지도 모른다고 계속 딸을 심리적으로 압박하고 있었다.

H양에게 장래 희망이 무엇이고 어떤 전공을 하고 싶은가하고 물었다. 그랬더니 처음에는 학교선생이 되고 싶어 교육학과를 지망할 것이라고 대답했다. 그래서 저자는 혹시 일기를 써놓은 것이 있으면 다음 상담 때 가져오라고 말했다. 그랬더니 그 다음 상담 때 중학 3학년 때 간간히 써두었던 일기를 가져왔다. 저자가 그 일기를 읽었더니 아주 중요한 사실이 발견되었다.

애초 그녀의 소원은 외교관이 되는 것이었다. 그래서 외교학과에 들어가 외무고시를 치루어 반기문 유엔사무총장처럼 훌륭한 외교관이 되는 것이 꿈이었다. 그래서 그녀는 외고에 응시했다. 그러나 중 3때 공부를 게을리 해 낙방했다. 그 때문에 자신감을 잃어 외교관의 꿈을 접고 교사로 낙착한 것이다. 저자는 그녀에게 교사직이 정말 마음에 드는가 물었다. 그랬더니 처음에는 학생을 가르치는 것이 재미있을 것이라고 말했다. 그래서 내가 교사직의 어려움 예컨대 같은 것을 반복해 가르쳐야하는 것 등등을 이야기 했더니 그렇다면 교사가 자기의 적성은 아니라고 대답했다. 그러면서 지금은 교육학과에 입학할 수 있으면 그것으로도 만족할 판이라고 말한다. 그래서 저자는 대학전공은 그렇게 수능성적에 따라서 정하는 것이 아니라고 조언했다. 전공은 자기가 일생동안 하고 싶은 것이 무엇인가를 판단하고 그에 따라 결정하는 것이라고 말했다. 그리고 나와의 상담을 통해 H양이 할 일은 자신의 취미와 적성을 파악하고 대학에서 전공을 무엇으로 할 것인가, 그리고 인생을 어떻게 살아야할 것인가를 결정하는 것이라고 말했다.

7차의 거친 상담결과 H양의 자신감은 크게 향상되었다. 더구나 그는 자신의 적성을 판단하고 진로를 결정하기에 이르렀나. 처음에 그녀는 교육과 대신 영어가 재미있고 성적도 좋아 영문과를 지망할 것이라고 말했다. 그래서 저자는 영문과보다 중문과가 어떤가하고 조언했다. 그랬더니 그녀는 중국어도 한 학기 배웠는데 재미있었다고 한다. 그래서 저자는 앞으로 중국이 대국이 될 것인데 아직 중국어를 잘 하는 사람은 그렇게 많지 않은 반면 영어를 잘 하는 사람은 너무 많다고 말했다. 그래서 앞으로 희소가치를 따져볼 때 중문과가 더 유망하다고 조언했다. 그는 나의 말에 찬동하고 중문과로 진로를 택하였다.

저자는 H양에게 공부에 대한 과도한 중압감을 씻어버리고 좋아하는 피아노도 치면서 여유있게 공부하라고 조언했다. 그리고 더 이상 상담을 받지 않아도 좋겠다고 말하고 상담을 종료했다.

H양의 사례는 한국에서만 특이하게 볼 수 있는 부모-자녀 간 갈등을 보여주고 있다. 왜냐하면 H양은 부모와 다른 문제에서는 관계가 아주 원만하지만 다만 공부문제 때문에 갈등이 있기 때문이다. 그녀가 외

국에 살았더라면 아무런 문제가 없을 것이다.

H양의 문제는 비단 그녀 가정만의 문제가 아니다. 청소년을 키우는 한국부모 모두가 고민하는 문제임에 틀림없다.

한국부모의 교육열과 자녀

한국부모의 교육열이 세계적으로 높다는 것은 익히 알려진 사실이다. 미국 대통령 오바머 조차도 한국의 교육열을 본받자는 말을 할 정도다. 한국학생들이 유치원 때부터 피아노학원, 영어 학원, 태권도 학원 등 여러 개 학원을 번갈아 다니면서 일찍부터 좋은 대학교에 가기 위한 입시전쟁에 돌입한다. 강남의 모 학령 전 영어학원의 한 달 수강료가 수백만 원인데 이곳에 입학하기가 하늘에 별 따기다. 그래서 임산부들이 태아를 미리 입학신청하는 진풍경이 벌어지고 있다.

이렇게 한국학생들은 유치원에 입학하기 전부터 죽어라고 공부를 하고 고 3학년이 되면 그야말로 지옥과 같은 생활을 한다. 새벽에 일어나 학교에 가고 학교공부가 끝나면 방과 후 자율학습이 있고 그것이 끝나면 또 학원에 가야한다. 4당 5락이란 말이 있는데 하루 4시간 자면 대학에 입학하고 하루 5시간 이상 자면 대학에 낙방한다는 이야기다. 세계에서 한국학생의 공부시간이 제일 많다.

한창 즐겁게 뛰어놀고 잠도 충분히 자야 할 사춘기 청소년들이 건강을 해칠 정도로 무리하게 공부하다보니 여러 가지 부작용이 뒤따른다. 한국의 종합병원 정신신경과 의사들은 많은 청소년들이 입시부담으로 인한 긴장, 불안때문에 정신과를 찾는다고 증언한다.

물론 학생이 공부를 열심히 하는 것은 당연하다. 그러나 건강을 해쳐 가면서 이렇게까지 공부 할 필요가 있는가? 학생들의 이런 피 말리는 공부는 사실 스스로 원해서 하는 것이 아니라 부모의 압력 또는 기대 때문이다. 누가 자기가 원해서 하루에 4시간만 자고 공부에 전념하겠는가? 성적이 떨어지면 낙망하는 부모, 부모의 핀잔 때문에 청소년들은 어쩔 수 없이 하루 20시간 책상에서 자기 자신을 혹사하고 있는 것이다.

부모가 자식의 공부에 열을 올리는 것은 어떻게 보면 좋은 현상이다. 사식이 공부를 하는 안하든 무관심하거나, 몰지각한 저소득층 어떤 부모가 하듯이 자식이 고등학교에 가겠다면 '공부는 해서 뭘 하니 일해서 돈 벌어 와라'하고 꾸중하는 것에 비하면 그렇다. 그래서 부모의 자식에 대한 높은 교육열은 바람직한 것이다. 그러나 부모의 교육열이 과도하게 달아오르면 부모-자녀관계가 악화된다. 부모가 공부하라고 잔소리를 하고 자녀는 이 때문에 짜증이 나기 때문이다.

한국 청소년들이 초중고에서 너무 공부에 시달려 공부라면 넌덜머리를 낸다. 그래서 대학에 입학하면 그 때부터는 만판 놀기 시작한다. 사실 공부는 대학에서부터 본격적으로 시작해야 한다. 왜냐하면 대학에서 배우는 전공공부가 학생이 사회에 나가 일생동안 이용할 수 있는 지식이 되기 때문이다. 그런데 한국청소년들은 대학에 들어오면 공부에 대한 의욕을 잃어버린다. 지금까지 너무 대학입시에 시달려 진이 다 빠진 탓이다.

미국의 일부 상류층에서도 한국부모와 마찬가지로 자녀에게 조기교육을 하고 최근에는 한국처럼 학원에 보내는 경우가 있다. 그러나 미국을 대표하는 중산층에서는 이러한 과도한 교육열기가 없다. 자녀가 공부 못지않게 운동을 열심히 하고 취미를 한 가지씩 갖도록 격려한다. 또 미국에서는 반드시 수능성적(미국으로 말하면 학업적성능력)이 높아야만 좋은 대학에 입학하는 것이 아니다. 학생이 학교에서 한 학생회 활동, 사회봉사활동 등 여러 가지를 참고한다. 즉 리더십이 있는가가 입학사정의 중요한 잣대가 된다.

일본도 초등학교에서는 체육시간이 많고 학생들을 만판 놀게 한다. 공부는 고등학교에 가서 열심히 하면 된다. 그런데 유독 한국만 학생들을 유치원 때부터 잡기 시작한다. 그런데서 파생하는 학생들의 신체적, 정신적 건강의 파손은 심각하다. 앞으로 한국에서 제일 유망한 의과전공분야가 신경정신과라는 말이 떠돌고 있다. 이런 학설은 한국 청소년들의 정서적 문제가 심각하다는 현실을 토대로 한 것이다. 정말로 우리 가정이 그리고 우리 학생들이 걱정되지 않을 수 없다.

한국 최초의 부모 존속살해사건

2000년 한국범죄사에 길이 남을 가족비극이 발생했다. 이O석은 고려대 전자공학과에 재학 중이고 머리가 우수한 학생이었다. IQ가 123이었으며 강남 유명고교에서 전교 5등 이하를 놓쳐본 적이 없었다. 그런 앞길이 촉망받았던 수재가 하루아침에 두 부모를 망치로 살해하고 시체를 유기한 패륜아가 되었다. 왜 그는 극악무도한 짓을 했는가? 저자는 그가 쓴 일기와 경찰과 검찰에서 수집한 자료, 그리고 그의 유일한 형을 면담하여 범행의 원인을 분석하였고 이를 '미안하다고 말하기가 그렇게 어려웠나요'라는 제목의 책으로 출간하였다(이훈구, 2001). 다음은 이 책에서 밝힌 중요한 내용을 간추린 것이다.

매스컴이 이O석의 형을 면접하여 동생이 양 부모를 살해한 것에 대한 소감을 물었다. 그랬더니 그는 의외의 대답을 했다. "자기는 동생을 이해한다"는 것이다. '동생은 부모를 죽인 패륜아이므로 동생을 극형에 처해야 한다'라는 말을 기대했던 기자들은 어안이 벙벙했고 그 기사를 읽은 저자는 그의 부모가 아동학대를 하지 않았는가 의심하여 그의 형을 만났다.

그의 형은 자기 부모가 동생으로부터 살해당했는데도 불구하고 눈물 한 방울 나지 않았다고 고백했다. 그리고 동생의 생명을 구하기 위해 변호사를 사고 사법부에 탄원서도 내겠다고 말했다.

연구결과 이O석은 어머니를 극도로 증오하고 있었다. 그런데 아이러니하게도 어머니는 형보다는 그를 더 사랑했다. O석이 공부를 잘 하고 자기 말에 복종했기 때문이다. 그래서 어느 땐가 그를 보고 "내 아들이자 딸이다"라고 말할 정도였다. 그에게 동네가게에서 반찬거리를 사오게 하고 설거지도 시켰다. 그는 왜 자기를 부려먹는가 하고 어머니에게 반항하려 했으나 가정의 평화를 위해 이를 참았다고 저자에게 말했다.

어머니는 O석에게 엘리트 교육을 시켰다. 그녀 자신이 양가출신의 엘리트 교육을 받았기 때문에 자식도 엘리트로 기르려 했다. 그녀는 명

문 사립여대를 나오고 한 때는 대통령이 되려는 꿈을 가졌다. 못다 이룬 자기 꿈을 아들을 통해 완성하려 했다. 그래서 형은 제처 놓고 O석과 같이 예술의 전당에서 공연하는 예술작품을 비싼 공연료를 마다않고 관람했다. KBS TV에서 하는 주말 명화를 녹화해 같이 감상하면서 영화평을 서로 나누었다.

이런 엄마를 그가 증오하는 이유는 어머니가 강압적인 방법으로 공부를 다그치는데 있었다. 그의 중학시절 모의고사를 준비하던 어느 날 어머니는 거실에서 책을 읽으면서 그가 시험 준비를 열심히 하는가 감시했다. 그러다 어머니가 깜박 잠든 것을 보고 그는 시험공부를 다 끝마쳤기에 어머니 몰래 불을 끄고 잠자리에 들었다. 잠에서 깨어난 어머니는 그를 깨우고 호되게 야단쳤다. 왜 일찍 잤는가하고 다그쳤다. 그는 시험 준비를 철저히 했다고 말했으나 어머니는 이를 믿지 않았다. 그날 그는 한강에서 자살하려고 집을 나서고 버스를 탔다. 그러나 과천에서만 주로 살았기에 한강으로 가는 버스를 어디서 타는지를 몰래 길을 헤매다 날이 저물어 어쩔수 없이 집으로 돌아왔다.

그의 어머니는 공부만 강요한 것이 아니라 매사에 자식들의 기를 죽이는 방법으로 훈육했다. 그녀가 동창친구모임에서 친구들이 자식들이 말을 안 듣고 공부를 하지 않는다고 푸념하면 왜 아이들을 그런 식으로 키우는가하고 힐난하고 자기 자식들은 그렇지 않다고 자랑했다. 그녀의 친구들은 이를 인정했는데 그녀 집에 전화를 걸면 아들들이 아주 전화를 공손히 받는 것을 알고 있기 때문이다. 경찰이 이웃 주민을 대상으로 부모가 자녀를 어떻게 양육했는가하고 물었더니 주민들이 한결같이 아이들에게 명령을 하고 야단을 쳐 아이들이 기를 펴지 못 하고 살았다고 증언했다.

그가 두 부모를 살해한 것은 아주 단순한 사건 때문이다. 그의 부모는 O석의 형이 가출해 동가식(同家食) 서가숙(西家宿)하는 것을 보다 못해 집 근처에 아파트를 사주었다. 돈을 그러모으고 O석의 이름으로 은행에 대출을 받아 집을 사준 것이다. 이사하는 날 그가 형의 이사 짐을 도운 후 집에 돌아왔다. 큰 아들이 이사하는 것을 보고 일찍 돌아온 어머니가 그에게 이사가 다 잘 끝났는가하고 물었다. 그러나 그는 묵묵부답이었다. 어머니가 재차 물었더니 그제서야 그는 화를 냈다. 왜 어머니는 형에게만 관심을 갖고 자기에게는 신경을 쓰지 않느냐고 볼멘 소리를 했다. 사실 그는 형이 이사나간 것에 대해 속이 상했다. 부모에게 대들고 그래서 부모의 눈 밖에 난 형에게는 집을 사주어 그가 집에서 해방되었기 때문이다. 평소 부모가 재산은 모두 너에게 물려줄 것인데 왜냐하면 형은 돈을 아껴 쓰지 않기 때문이라고 말했다. 그런데 형은 자유의 몸이 되고 집도 얻었다. 그런데 '나는 뭐야, 계속 부모의 잔소리를 들으며 마치 가사도우미처럼 살아야만 한다'. 이런 생각 때문에 그는 형이 이사 하던 날 뽀루통해 있었다.

착한 아들이 어머니에게 대들자 어머니는 당황하고 화가나 "내가 언제 너에게 관심을 갖지 않았는가"하고 따져 물었다. 그러자 은석은 어머니가 자기가 어렸을 때 잘못했다고 팬티만 입혀 베란다에 나가 벌을 서게 한 것, 밥상머리에서 말대꾸를 한다고 젓가락을 자기에게 집어 던진 것, 말을 안 듣는다고 종아리에 피멍이 들도록 회초리로 때린 것 등

등 그가 기억하는 어머니의 심한 행동을 일일이 나열했다. 어머니는 당황했고 자기는 기억이 나지 않는다, 왜 과거 일을 가지고 이제 와 타박이냐 등등으로 되받아쳤다. 평소 말 잘 듣고 딸처럼 심부름도 잘 하든 아들이 돌변하자 어머니는 흥분했다.

일생 처음으로 모자가 심각한 언쟁을 한 후 둘 간의 냉전이 시작되었다. 서로 얼굴을 마주치기가 싫어 어머니가 집에 있으면 그는 자기 방 밖을 나오지 않았다. 어머니가 외출을 하면 O석은 그제서야 방에서 나와 냉장고를 뒤져 남은 음식으로 식사를 해결했다. 부모와 마주치기가 싫어 깡통을 자기 방에 들여놓아 소변은 방에서 해결했다. 이런 날이 1주일간 계속되자 O석은 쥐구멍에 갇혀있는 신세가 되었다. 그러다 보니 스트레스가 심해지고 어느 날 새벽에 화장실에서 나오다 찬장에 있는 산토리 위스키 병을 발견하고 이를 방에 가져와 몇 모금 마셨다. 내가 어쩌다 이런 신세가 되었는가 한탄하면서 자기를 이 지경으로 만든 것이 어머니라고 판단했다. 그러자 취기가 분노로 폭발했다. 그는 망치를 들고 먼저 어머니 방에 침입해 어머니 뒤통수를 때려 한 방에 어머니를 날려버렸다. 먼동이 어슴프레 터오자 그는 이 사실을 알면 아버지가 자기를 죽일 것이라는 생각에 공포가 밀려왔다. 그래서 어쩔 수 없이 아버지도 같은 방법으로 살해했다.

O석이 경찰에 체포된 후 왜 부모를 잔인하게 살해했는가하고 범행동기를 묻자 그는 어머니가 자기를 학대했다고 말하고 다음과 같이 흐느끼며 말했다. “어머니! 제가 어머니가 저에게 심하게 한 행동을 일일이 나열했을 때 왜 한 마디 말씀만 하시지 그랬어요. 왜 미안하다고 말

하지 그랬어요. 미안하다고 말하기가 그렇게 어려웠나요?"

그가 부모를 살해한 원인은 궁극적으로 어머니가 아들에게 학대에 가까운 훈육을 했기 때문이지만 다른 원인도 있었다. 그가 중학교, 고등학교, 그리고 군대에서 친구들에게 왕따를 당한 것, 성질이 내성적이어서 집에 틀어박혀 폭력 컴퓨터 게임에 몰두한 것, 피 튀기는 잔혹한 비디오 테이프를 수 없이 감상한 것 등등이다.

O석의 부모도 문제가 있었다. 그의 아버지는 해군 장교출신이었다. 월남전에 참여해 앞길이 창창한 군인이어서 O석의 어머니는 그가 대통령이 될 수 있는 존재라고 작각하고 그와 결혼했다. 그러나 그는 예상외로 조기 퇴역했다. 그래서 아내의 꿈은 사라지고 부부가 갈등했다. 부부는 서로 살아온 환경도 달랐다. 아내는 부잣집 외동딸이었고 남편은 집안이 가난해 대학에 진학하지 못하고 먼저 취업을 했다가 나중에 해군사관학교에 입학했다. 그는 집에서도 군대식으로 행동하여 가족들에게 명령하기 일쑤였다. O석에게도 칭찬하기보다 "너는 키가 작으니 할 것이 아무것도 없다. 공부를 열심히 해 판사, 검사가 되는 수밖에 없다"라고 비아냥 거렸다.

결국 O석은 부모를 증오했고 어머니와 단 한 번의 언쟁으로 부모를 토막살해하는 패륜아가 되었다. 경찰, 검찰, 그리고 심리학자가 여러 가지 경로를 통해 자료를 수집하고 분석한 결과 어머니가 아동학대에 가까운 양육을 한 것이 범행의 직접 원인이란 결론을 내렸다. 이 점을 감안해 사법부는 그에게 무기징역이란 관대한 처벌을 내렸다. 우리나라에서 존속살해범은 가중처벌해 무조건 사형이 선고되는데 비해 그가 양부모를 무참히 살해했으면서도 무기징역을 받게 된 이면에는 그 역시 피해자라는 판단이 사회일각에서 강력하게 제기되었기 때문이다. 이 사건에 관한 자세한 내막은 저자의 책 '미안하다고 말하기가 그렇게 어려웠나요'(이훈구, 2000)를 참고하기 바란다.

현대 사회에서 부모가 자녀를 독재적 방식으로 양육하는 것은 삼가야한다. 효가 중시되었던 조선시대에는 이것이 통할 수 있었지만 민주주의 사고가 팽배한 오늘날 강압적 자녀양육방법은 자식들로부터 거센 반발을 불러일으킨다. 그리고 그런 식으로 자녀를 양육하면 자녀는 주눅이 들고 정신과적 문제를 갖게 된다.

특히 부모가 자녀를 때리는 것은 삼가야 한다. 처벌은 반드시 말로 해야 한다. 손찌검을 하면 그 경험은 일생동안 자식의 뇌리에서 사라지지 않는다. 그리고 자식에게 분노, 우울증을 초래한다.

그래서 미국에서는 부모가 어떤 이유에서든지 자녀를 때리면 부모를 형사 처벌한다. 한 재미있는 사례가 있다. 오래전 일이지만 미국에 이민 간 한국교포가 자녀가 공부를 안 하고 밖으로 나도는 것에 화가 나서 손찌검을 했다. 아들이 소리소리 질러 이웃동네사람이 창문을 통해 이를 엿보고 경찰에 신고했다. 경찰이 달려왔고 교포에게 물었다. "당신이 아들을 구타했는가?" 아버지는 당당하게 "그렇다"라고 대답했더니 경찰이 그를 체포했다. 아버지는 내 아들을 좀 때렸기소니 그게 무슨 죄가 되느냐고 항변했지만 경찰은 수갑을 채워 그를 경찰서로 연행했다. 교포가 미국의 아동폭력법을 이해하지 못해 생긴 해프닝이다.

우리 사회에서 벌이 아동에게 효과를 준다고 생각하는 부모가 많은데 사실 벌은 심한 부작용을 낳는다. 그 원인은 벌을 받은 사람이 체벌자에 대한 증오가 싹트기 때문이다. 그래서 부모로부터 매를 맞은 자식은 평생 동안 이를 잊지 않고 부모를 미워하게 된다.

자식이 잘못했을 때 이를 묵과해서는 안 된다. 반드시 이를 짚고 넘어가야 한다. 그러나 매를 들어서는 안 된다. 말로 꾸중을 하고 보상을 거두어 들이는 방법이 좋다. 예컨대 어린 아이에게는 TV를 못 보게 하고 나이 든 아동에게는 외출금지, 용돈 삭감 등의 처벌을 내리면 된다.

좋은 양육 방법이란

부모가 할 좋은 역할은 자녀의 나이에 따라 그리고 자녀의 성격에 따라 달라진다. 예건대 자녀가 어렸을 땐 부모가 자녀의 행동에 일일이 간섭해야할 경우가 많다. 그러나 자녀가 사춘기를 지나면 그제부터는 자녀에게 보다 많은 자율권을 주어 스스로 판단해 행동하도록 유도해야한다. 그러나 자녀가 다 컸다고 해서 예컨대 자녀가 이미 대학교에 입학한 성인이라고 해서 부모가 자녀에게 완전히 모든 일을 내맡기는 것은 옳지 않다. 현재 한국의 대부분의 부모는 자녀가 힘든 입시를 치루고 대학에 입학하면 그 때부터는 자녀에게 공부하라는 잔소리를 하지 않는다. 자녀가 그 동안 입시 공부하느라 너무 진을 뺐기 때문에 자녀가 안쓰러워 간섭을 하지 않는 것이다. 그러나 이것은 크게 잘못된 것이다. 진짜 공부는 대학에서부터 시작해야 하는 것이므로 부모는 자녀가 대학공부를 열심히 하는지 늘 살펴보아야 한다. 만일 자녀가 대학생활을 술 먹고 친구 사귀고 아르바이트하고 연애하는 것으로 착각하고 이에 탐익해 공부를 외면하면 부모가 자녀의 대학생활에 간섭해야 한다. 즉 공부를 열심히 하도록 압박을 가해야 한다.

부모의 자녀양육방법은 자녀의 성격에 따라 달라져야 한다. 그 이유는 부모의 자녀양육방법을 받아들이는 자녀의 태도가 서로 다르기 때문이다. 내성적이고 소심한 자녀는 부모가 윽박지르고 야단치기보다는 조용히 타이르고 달래야 한다. 반대로 성격이 괄괄하고 외형적인 자녀는 좀 강력하게 밀어부쳐도 상관이 없다.

이렇게 자녀의 양육방법이 자녀의 나이 그리고 자녀의 성격에 따라 달라져야 한다면 부모가 자녀를 어떻게 양육해야 한다는 기본 원칙이란 존재하지 않는가? 그렇지는 않다. 자녀의 나이, 성격 등과는 상관없이 부모가 취해야할 가장 중요한 자녀양육 방법이 존재한다.

부모의 자녀양육방법이 자녀의 성격형성에 영향을 주는 관계를 잘 연구한 한 발달심리학자의 연구결과를 검토해보기로 한다. 1967년 바움린트(Baumrind, 1967)라는 심리학자는 가정과 탁아소에서 3~4세 된 아동을 뽑아 이들을 대상으로 자제력, 호기심, 생동감, 자립심, 사교성의 다섯 가지 심리학적 능력을 조사하여 아동을 세 집단으로 분류했다. 즉 이 다섯 가지 능력차원에서 점수가 높아 가장 성숙하고 유능한 아동을 집단 I이라고 불렀다. 중간정도의 점수를 얻은 그래서 다소 자립심과 자제력이 떨어지고 새로운 환경에 경계심을 보이며 친구와의 관계에 관심이 높지 않은 아동은 집단 II로 분류했다. 그리고 가장 낮은 점수를 얻어 거의 자제력이 없고 어른의 도움을 바라며 새로운 상황에서 도피하려는 미숙한 아동은 집단 III으로 불렀다.

그리고 난 후 연구자는 이들 세 집단 아동의 부모를 대상으로 자녀훈육방법을 조사했는데 그 훈육방법은 다음 네 가지이다. (1) 통제—부모가 아동의 활동에 어느 정도 영향을 미치고 부모의 기준에 의해 아동의 행동이 어느 정도로 통제되는가, (2) 성숙에 대한 요구—아동으로 하여금 성숙한 행동을 하도록 압력을 가하는 정도, (3) 부모와 아동간의 대화—아동과 부모가 서로 의견과 감정을 교환하는 정도, 그리고 (4) 양육—아동에게 보이는 무모의 애정, 열성, 그리고 자녀의 성취에 대해 부모가 기쁨을 표현하는 정도.

바움린트는 위에 말한 부모의 네 가지 양육방법과 자녀의 성격간의 관계를 분석했다. 즉 앞에서 아동을 능력에 따라 세 집단으로 분류한 것과(자녀의 심리적 성숙에 따라 세 집단으로 나누었는데 집단 I이 제일 우수, 집단 III이 제일 열등함) 이들 세 집단의 아동의 부모가 보인 네 가지 훈육방법상의 차이를 비교했다. 그 결과가 그림 2에 제시되어 있다.

그림 2를 보면 유능한 아동집단(집단 I)의 부모는 네 가지 자녀양육방법에서 모두 높은 점수를 얻었다. 즉 이 아동의 부모들은 따뜻하고 애정을 쏟으며 자녀와의 대화를 통해 자녀의 의견을 존중하는 반면 자녀가 지켜야할 행동의 기준을 정하여 행동을 엄격히 통제하는 것으로 나타났다.

보통능력을 가진 아동(집단 II)의 부모는 엄격하지만 자녀에 대한 애정이 적고 자녀의 의견을 수용하지 않은 것으로 나타났다. 가장 미숙한 아동(집단 III)의 부모는 자녀에게 따뜻하고 정을 많이 주지만 엄격하지

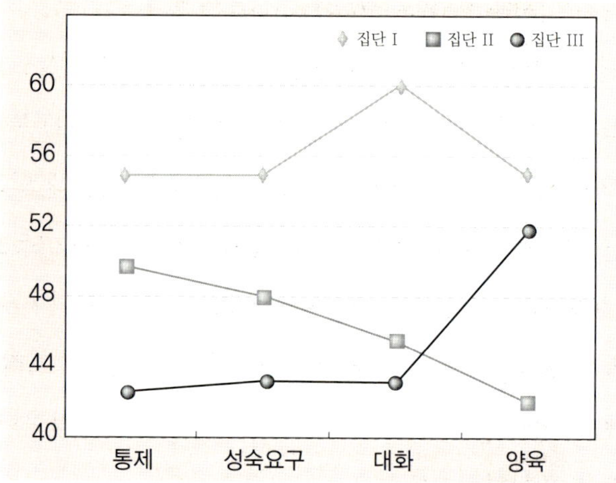

그림 2. 자녀의 심리적 능력에 따른 세 집단별 부모의 육아방법

못했고 성숙에 대한 요구도 하지 않았다.

바움린드의 연구를 종합하면 부모가 아동이 지켜야할 행동에 대해 확고하고 일관된 생각을 갖고 잘못하면 야단을 치되 따뜻하고 애정을 많이 베풀며 아동의 의견을 존중하는 것이 제일 훌륭한 훈육방법이다. 쉽게 말하면 아동을 사랑하고 존중하되 분명한 것은 아동이 잘못하면 야단을 치는 것이다.

부모가 자녀에게 지나친 간섭과 통제를 하고 명령을 하면 자녀는 자제력은 기르지만 새로운 상황에 대한 불안감이 높고 자신감이 결여된다.(즉 두 번째 아동집단의 부모) 이은석의 부모의 훈육방법은 아마 제II 아동집단의 부모가 보인 양육방법이었을 것이다.

제일 나쁜 아동으로 길러내는 육아방법은 너무 사랑만 해주고 잘못된 행동에 처벌하지 않은 그리고 대화도 잘 하지 않는 부모이다. 우리나라의 많은 부모들이 자녀를 무조건 사랑하고 그들이 지켜야할 행동에 대해서 야단치지 않은 식으로 기르는데 이는 자식을 아주 무책임하고 자기 멋대로 행동하는 아동으로 만들 뿐이다.

뒤에서도 또 보겠지만 아동학대는 무서운 결과를 초래한다. 비단 이O석만이 아동학대의 후유증을 겪은 것은 아니다. 몇 년 전 우리나라에서 마사지 걸 20명 이상을 살해한 유O철도 아동기 때 부모와 계모로부터 학대를 받은 것으로 밝혀졌다. 이렇게 한 가정의 아동학대는 피해아동 당사자는 물론 우리 사회 전체에 큰 해독을 끼치는 중차대한 문제이다.

어머니를 욕하는 딸 이야기

2004년 8월, 30대 초반의 한 여대학원생이 저자의 연구실을 노크했다. 그녀를 Y양이라고 칭하기로 하자. Y양이 나를 찾아온 이유는 앞에서 언급한 저자의 졸서, '미안하다고 말하기가 그렇게 어려웠나요'(이훈구, 2002)를 읽고 자기가 그 책의 주인공 이O석과 똑같아서 상담을 받기 위해서였다.

Y양을 면담하면서 그녀의 가족관계가 다음과 같이 밝혀졌다. 아버지는 당시(2004년) 70대 초반이고 고졸출신의 측량기사로 25년 전 40대 후반의 나이로 퇴직했다. 저축한 돈으로 시장에 옷가게를 내어 부인(50대 후반)이 이를 맡아 운영한다. Y양은 딸 3명 중 막내이다. 어머니와의 갈등이 심한데 어머니가 고집불통이고 원칙주의자라서 자주 싸운다고 했다. 그리고 자기가 어머니와 싸울 때 이 년 저 년한다는 말을 거

리낌 없이 한다. 저자는 어머니와 같이 상담을 받는 것이 좋겠다고 말하고 가족치료를 시도하였다.

어머니가 말하는 딸의 문제는 현실을 직시하지 않고 환상을 좇는다는 것이다. 구체적으로 말하면 딸이 대학의 인문사회학부를 졸업하고 외국에 연수를 다녀온 다음부터 환상 속에 산다는 것이다. 적당한 곳에 취업하여 시집갈 생각은 하지 않고 대학원에 진학하여 전문가가 되려 한다는 것이다.

딸의 이야기를 들어보면 어머니의 간섭이 심하여 친구를 사귀는 것, 취미생활, 종교생활을 자기 뜻대로 결정하려 한다는 것이다. 어렸을 때부터 자기의 외모를 꾸며주고 쌍꺼풀을 만들어 주는 등 법석을 떨지만 정작 자기가 무엇을 공부하고 어떤 방향으로 나아가야 할지에 관에서는 아무런 도움을 주지 못한다고 한다. 단순히 시장 가게에서 돈을 벌어 자기를 경제적으로 돌보는 선에서 끝난다고 푸념한다. 아버지에 관해서 물어보자, 딸은 아버지가 더 문제가 있는 사람이라고 말했다.

아버지는 독재적이고 폭력적인데 한번은 자기에게 폭행을 가해 자기가 아버지를 경찰에 신고한 적이 있다고 한다. 그 후부터는 자기를 무서워하지만 이른 나이에 은퇴해 술에 의지해 사는 알콜 중독자라고 말한다. 저자에게 아버지를 정신병원에 입원시키는 방도가 없는가하고 물었다. 어머니도 딸의 말에 수긍하며 남편에 대한 불만을 토로한다. 가게를 맡겼으면서도 자기가 돈을 친정에 빼돌릴까봐 매일 수입금을 체크한다는 것이다.

Y양의 사례는 부모와 자녀가 서로 역할을 제대로 수행하지 못하는

것을 극적으로 보여주고 있다. 아버지는 가장으로서의 권위를 잃고 딸을 폭행해 왔으며 그로 인해 딸로부터 경찰에 고소를 당하였다. 어머니는 딸을 사랑하고 딸이 잘 되도록 정성을 기울여왔지만 딸의 성장에 도움이 되지 못했다. 즉 딸이 무엇을 공부하고 사회에 나가 어떤 일을 해야 할지에 관해서는 전혀 정보를 제공하지 못했다. 그러면서 딸이 잘못될까봐 딸의 일상적인 활동에만 신경을 쓰고 잔소리를 한다. 그러다 보니 딸과 마주치면 싸우기 일쑤다. 그래서 딸로부터 존경을 받지 못하고 심지어 욕을 먹기까지 한다.

이제 시대가 바뀌어 부모가 제대로 역할을 하지 못하면 자식으로부터 무시를 당하고 욕까지 얻어먹는 세상이 되었다. 물론 이 사례는 보편적인 것은 아니다. Y양은 정서적 문제가 있고 꿈과 현실 사이에 깊은 괴리를 느낀 나머지 좌절하여 부모를 닦달하고 있는 불효자식일 뿐이다. 그러나 어쨌던 부모와 자식이 서로 상대방을 무시하고 증오하는 한 Y양의 가정은 가정으로서의 제 기능을 발휘할 수 없다. 오히려 그런 경우는 부모와 자녀가 일찍 별거하는 것이 부모-자녀간의 갈등을 해결하는 좋은 방법이다.

저자는 수많은 사람을 면담하면서 나이가 든 자녀일수록 부모와 더 갈등을 갖는다는 사실을 발견했다. 왜 자녀가 나이가 들면 그만큼 부모와 갈등을 갖기 쉬울까? 자식은 성인으로서 부모의 간섭으로부터 벗어나고픈 욕구가 점 점 더 강해지기 때문이다. 따라서 저자는 젊은 세대들이 결혼 전이라도 성인이 되면 일찌감치 부모로부터 독립하는 것이 마땅하다는 생각을 자주하게 된다. 나이가 든 자식을 부모가 청소년 자식처럼 간섭할 때 부모-자녀간에 깊은 골이 생기고 드디어는 비극으로 발전할 수 있기 때문이다.

대학생활을 망친 일류대학생의 이야기

최근에 한 남자가 상담을 요청 하는 글이 저자의 인터넷 상담란에 올라왔다. 그는 한국의 유명한 대학의 일류학과를 다니던 학생이었다. 그러나 어쩐 일인지 그는 중도에 학업을 중단하고 지금 진로를 새로 모색하고 있다. 우선 그의 안타까운 이야기를 들어보자. 그를 S라고 칭하자.

저의 아버지와 어머니는 제가 옆에서 지켜보았을때 애정도가 제로입니다. 아버지는 그렇지 않으실지 몰라도 어머니의 아버지에 대한 애정은 완전한 제로입니다. 제가 기억할 수 있는 가장 어린 시절부터 지금까지 부모님은 평생을 불화하며 사셨습니다. 중학교 일학년 내지 이학년에 아파트로 이사하기 전까진 가족 네 명 모두가 한방에서 잠을 해결했습니다. 아버지가 어머니 옆으로 가서 자려고하면 어머니는 항상 거부하셨는데 그러면 제가 아버지와 어머니 사이에 끼어들어 어머니를 보호하곤 했습니다. 그래도 네 가족이 따뜻한 방에서 자는 것은 저에게 아주 행복한 기억입니다. 동생에 대해서도 말씀드리겠습니다. 동생은 저를 참 잘 따랐고 지금도 스스로가 행복하게 잘 커가기를 바라고 있지만 어린 마음이란 그런 건지 동생을 귀찮아하고 따돌리고 심지어 때리고 놀래키고, 좋은 오빠는 아니였습니다. 어린 시절 이사는 총 네 번 하였습니다. M도시에서 P시로 한번 이사하고 P에서 같은 동네에 있는 세 군데의 단칸방으로 옮겨다니고 중학교때 아파트로 이사를 했습니다. 집에서 쫓겨난 기억은 세 번 있습니다. 아주 어린시절 겨울에 영문을 모른채로 발가벗겨져서 내쫓긴 기억과 동생과 새로 나온 라면을 서로 먼저 먹겠다고 다투다가 쫓겨나고 아파트로 이사와서도 무슨 일 때문인지 쫓겨났었는데 그때는 반항심이 들고 추운 관계로 이웃집 베란다에 몰래 들어갔다가 나온 일이 있습니다. 만약 들켰다면 문제가 될만한 일이였지 싶습니다. 주로 매를 사용한 훈육은 어머니께서 하셨습니다. 스스로도 불같은 성격이라고 말씀하듯이 저를 때릴 때는 정말 눈에서 불이 번쩍이는것 같이 때리고 맞았습니다. 아버지께서 말리시곤 하지만 충분하진 않았습니다. 그당시 기억에 남는 의미심장한 꿈 하나는, 집을 지키고 있는데 어머니가 오신 줄 알고 문을 열었더니 어머니를 닮은 귀신이였다는 그런 꿈을 기억합니다. 그만큼 어머니에게 두려움을 가지고 있었나 싶습니다. 어머니께서 밥상을 뒤엎은 일 그래서 아버지가 그릇조각에 발을 다치신 일, 내가 동생을 밀쳐 눈주위를 다치게 한 일, 자고 있는 동생에게 건전지를 떨어뜨려 코피가 나게 한 일 등등이 떠오릅니다. 대학 생활은 제가 얼마나 다른 사람에게 의해 수동적으로 반응을 하는지를 알게한 경험입니다. 지금도 아버지와 또 저는 무슨 일을 할 때마다 간단함에도 불구하고 어머니께 허락을 받고 하는 일이 많습니다. 대학에서는 선배가 시키는 일은 대게 거부하지 못하고 그대로 따르는 일이 많았습니다.물론 어려운 이웃을 위해 할 수 있는 일은 하는게 나쁘지 않지만 저는 정말 하기 싫은 폭력집회에 나가는 일을 거부할 만한 힘이 없었지 않았나 싶습니다. 그리하여 2학년 때는 한달 동안 감옥에도 다녀오고는 그제서야 하기 싫다는 의사표시를 할 수 있었습니다. 술자리나 노래방에 가는 것은 저에겐 고역이였습니다. 노래는 제가 가장 자신이 없는 분야이고 술자리에서는 여기저기서 말을 하여 섞여 들리는 사람들의 말소리가 말 그대로 소음이였습니다. 그런 상황에서는 저는 굉장히 스트레스받고 자리를 떠나고 싶지만 그럴 수 없는 게 또 술자리가 아닐는지요.. 사람들은 무엇이 그렇게 할 얘기가 많고 잘 버티는지 저는 지속적으로 말을 하는 사람들이 참 신기합니다. 물론 저도 유머가 좀 있고 둘이서 있을때는 잘 말하곤 하지만 많은 사람이 모여 술자리를 가질 때에는 기에 눌려버린다는 느낌이 듭니다. 그래도 다행인 것은 선생님의 지지와 격려로 인해 유학이라는 새로운 꿈을 가지게 된 점입니다. 의욕이 충분히 길러질지, 서른이라는 나이에 다시 대학을 처음부터 다시 다녀도 될지 의문이지만 아직 늦지않았다는 선생님의 말씀 덕에 희망을 놓지 않기로 했습니다. 과거를 잊는 가장 좋은 방법은 미래의 꿈을 꾸는 것일테니까요. 성장환경에 대해 충분히 말씀드린건지 잘 모르겠습니다. 선생님의 도움을 부탁드립니다. 여러번 도움을 구하겠습니다.

S는 그가 글에서 밝힌 대로 가난하고, 부모가 불화하고, 그리고 어머니가 스파르타식으로 훈육하는 가정에서 자라났다. 그래서 그는 소심했고 어머니를 항상 두려워했지만 그래도 학교공부는 열심히 해서 일류대학 일류학과에 무난히 합격했다. 그는 물론이거니와 부모가 그의 일류 대학입학을 크게 환호했을 것이다. 비록 가난한 집안이었지만 개천에서 용나 듯 훌륭한 아들이 탄생했기 때문이다.

그러나 가정의 큰 기대와는 달리 그는 무슨 사정이 있었던지 그만 대학을 중도에 포기했다. 설상가상으로 그는 교도소에 갇혀 있기도 했다. 위 글에서는 그가 학업을 포기하고 교도소에 갔다 온 이유를 자세히 언급하지 않았다.

S와는 몇 차례에 걸쳐 인터넷 상담을 진행하였다. 지면 관계상 여기에 그 내용을 다 수록하지 못하고 중요한 것만 요약하기로 한다.

그는 대학에 입학하여 어느 선배를 만났는데 그가 폭력시위에 그를 끌여들였다. 저자는 그가 민주화운동에 가담했는 줄 알고 그가 폭력시위에 가담한 것을 너무 자책하지 말라고 위로했더니 S는 그것이 민주화 운동이 아닌 단순한 폭력시위였다고 말한다. 그가 폭력시위에 가담해 체포되었을 때 그의 선배는 이를 부정하고 투옥을 면했지만 S는 이를 부정하지 않아 감옥생활을 했다. 선배가 겉과 속이 다른 행동을 하는 것을 보고 그는 폭력시위에 가담하는 집단에 대해 크게 실망하고 자기 자신을 더 부끄럽게 생각하고 있다.

그는 왜 폭력시위에 가담하게 되었을까? 그가 서울에 올라와 객지생활을 함에 따라 외롭고 대학생활에 적응하기가 힘들었기 때문이다. 그는 또 그의 어머니가 엄한 양육을 했기 때문에 내성적이고 자존심이 부족했다. 대학에서는 이런 학생들을 노리는 반체제 세력이나 폭력서클이 있다. 반체제 집단이나 폭력서클은 시골서 올라온 그리고 내성적이고 자존심이 부족한 학생들을 먹잇감으로 삼는다. 그런 학생들에게 은근히 접근해 술을 사주고 친밀감을 형성한다. 그러다 데모할 사건이 발생하면 이들을 전위대로 내세워 격렬한 폭력시위를 감행한다.

S는 현재 국가공무원 시험을 치를 것인지 아니면 학업을 계속할 것인지로 고민하고 있다. 저자는 S에게 복학하라고 권고했다. 그랬더니 그는 대학재학 때 공부를 너무 등한히 해서 학점이 아주 나빴다고 한다. 학사경고를 여러 번 받아 다시 복학해도 그 학점으로 졸업하면 취업이 곤란하다고 한다. 그러나 저자는 그가 공무원 쪽으로 방향을 바꾸는 것은 신중하게 생각하라고 조언했다. 그리고 다른 학교에 편입학하는 방법을 택해 그가 전공한 분야를 계속 공부하라고 권했다. 그는 아마 다시 수능고사를 치루어 재입학을 시도할 것 같다.

한국 대학생의 문제점 S의 사례는 학부모에게 많은 교훈을 제공한다. 우리 부모들은 자녀가 고등학생일 때까지만 자녀에게 관심을 갖고 공부를 독려한다. 그러나 자녀들이 대학에 합격하면 그 때부터는 자녀에 대한 감독의 고삐를 그만 놓아버린다. 자녀들이 대학에 입학하느라 고생한 것이 너무 불쌍해 이제는 잔소리를 하지 않는 것이다. 그러나 S의 경우를 살펴보면 이것이 크게 잘못되었다는 것을 알 수 있다. 명문대학에 입학한 학생이 대학에서 열심히 공부하지 않으면 S와 같이 불행한 일이 벌어진다.

사실 S 그만이 대학에서 태만한 것이 아니다. 저자는 25년간 연세대에 재직하였기에 한국 대학생들이 대학에서 얼마나 열심히 공부하는가를 잘 안다. 대부분의 대학생들은 S와 같이 대학생이 된 후는 더 이상 공부에 연연하지 않고 놀기에 바쁘다. 매일 술을 마시고 연애를 하고 강의시간에 졸아도 아무도 간섭하는 사람이 없다. 그러다 보니 학점은 엉망이 되고 잘못하면 반체제 집단의 먹이가 되어 불행한 결과를 마지하게 된다. 그래서 저자는 교양과목을 수강하는 신입생들에게 오리엔테이션 삼아 다음과 같은 부탁을 한다; "지금까지의 공부는 아무 것도 아니다. 지금부터 하는 공부가 진짜공부다. 고등학교 때에는 반에서 1과 2등의 차이는 바늘 하나 차이다. 그러나 대학에서는 하늘과 땅의 차이가 될 수 있다. 그러므로 열심히 공부해라. 둘째 절대로 반체제 서클에 가입하지 말아라, 그러면 일생을 망치게 된다".

이제부터 부모는 자녀가 대학에 입학하더라도 자녀가 학교공부를 열심히 하는가를 예의 주시해야 한다. 매 학기마다 성적표를 검사하여 그의 학교공부를 늘 감시해야 한다. 만일 S의 어머니가 S가 고등학교 학생이었을 때처럼 S의 대학공부를 독려했었더라면 아마 S는 지금 훌륭한 인재로 발돋움했을 것이다.

두 번째 교훈은 지방에서 서울로 유학하는 학생들이 서울 생활과 학교생활에 잘 적응할 수 있도록 부모나 학교가 배려해야 한다는 것이다. 고향과 집을 떠나 혼자서 유학생활을 하는 데에는 많은 어려움이 수반한다. 친구가 없어 외롭고, 혼자서 하숙생활을 하는 것이 너무 힘들다. 거기다 대학친구들이 만판 놀기 때문에 이들과 쉽게 어울려 대학공부를 등한하게 된다. 그런데 주위에서 그에게 경고하는 사람이 하나도 없다. 따라서 부모들은 멀리 유학 간 자녀들이 어떤 어려움을 겪는지 수시로 조사해보고 이에 대처해야 한다. 그리고 부모로서의 멘토링을 지속해야한다. 대학의 상담소도 지방출신 대학생들의 어려움을 덜어주는 프로그램을 마련해야 이들을 지도해야 한다.

세 번째 교훈은 앞에서 언급한 이O석 부모 토막살해범에서 제시한 것과 같다. S의 경우 이O석과 마찬가지로 어머니가 자식을 스파르타식으로 양육해 성격이 내성적이고 친구와 어울리지 못하며 우울증에 시달렸다. 따라서 부모가 자식을 너무 엄하게 키워서는 안 된다. 더 자세한 교훈이 되는 내용은 이O석 사례를 참조하기 바란다.

S의 사례는 부모가 자녀들을 잘못 키우고 자녀들이 큰 후에라도 맨토링을 하지 않으면 제대로 성장하지 못한다는 사실을 여실히 증명하고 있다. 일류대학에 어렵게 입학시킨다고 부모가 제 역학을 다했다고 생각하면 이는 착각이다. 자녀가 훌륭한 사람으로 성장하려면 어렸을

때부터 자녀를 온전히 사랑하고 존중해 주어야 한다. 더불어 자녀의 진로, 대학생활과 관련하여 부모가 맨토 역할을 해줄 수 있어야 한다. 부모가 만일 역량이 부족해 훌륭한 멘토 역할을 하지 못한다면 그 역할을 해 줄 수 있는 사람에게 이를 부탁해야 한다. 멘토 역할을 할 수 있는 사람은 심리학자, 대학교수, 그리고 세상을 많이 경험한 덕망 있고 실력 있는 사람들이다. 간디는 미천한 계층으로 태어났지만 그가 브라만 귀족에게 자신의 앞날을 상의했기에 영국으로 유학해 변호사가 되고 마침내 세계적인 위인이 되었다. 만일 간디가 그의 부모와 형의 권유대로 그의 아버지가 해 오던 부잣집 마름 역할을 계승했었더라면 위대한 영혼이라고 칭송을 받는 마하트마 간디는 탄생하지 않았을 것이다.

한국 사람은 점쟁이로부터 가서 자신의 운수, 앞날은 잘 점쳐 보지만 멘토에게 상담하는 경우는 거의 없다. 중대한 결정 예컨대 진로 결정, 배우자 결정, 기타 직업선택을 할 때 아무런 생각 없이 즉흥적으로 결정을 하는데 이것은 아주 잘못된 처사다. 중요한 결정을 할 때는 신중하게 그리고 전문가를 찾아 도움을 얻어야한다.

지금까지 우리는 여섯 사례를 살펴보았다. 그 사례의 주인공들은 고등학생부터 대학생, 그리고 대학원생에 이르기까지 다양하다. 또 각 사례는 각기 사정이 다르다. 그러나 이들의 공통분모가 하나 있다. 그것은 이 사례의 문제가 모두 부모의 양육방법의 결함 또는 부모의 멘토링 부재에서 비롯된 것이다. 첫째 사례는 애착형성이 안된 경우이고 O석의 경우와 일류대학을 망친 학생도 부모의 잘못된 훈육과 멘토링 부족에서 문제가 불거졌다. '사는게 지루하다'는 여대생의 문제는 부모의 불화와 멘토링 부족이며 이는 어머니를 욕하는 대학원생의 경우도 마찬가지다.

부모사이에 문제가 없지만 기싸움을 벌여야 하는 여학생의 문제는 한국 교육 현장의 문제점을 그대로 반영한 사례다.

위 여섯 사례에서 우리가 얻을 수 있는 교훈은 무엇인가? 자녀를 엄하게 다루기보다는 사랑으로 감싸야 한다는 것이다. 그러나 분명한 것은 자녀가 잘못하는 경우에는 이를 간과하지 말고 따끔하게 가르쳐야 한다.

두 번째 중요한 교훈은 우리 부모들이 자녀에게 멘토 역할을 하고 있지 못하다는 것이다. 자녀에게 잘 먹이고 입히고 공부시키는 것으로 부모의 역할이 끝났다고 생각하는데 이는 아주 잘못된 것이다. 자녀는 자기의 적성에 관해, 어떻게 인생을 살고 어떤 가치관을 가져야하며 구체적으로 대학생활을 어떻게 보내야 할지에 관해 잘 모른다. 그래서 부모나 선생의 도움이 필요하다. 그러나 우리 대부분의 부모는 부모로서의 멘토링을 감당할 능력이 부족하다. 만일 자신이 자녀에게 훌륭한 멘토가 될 수 없다고 판단한다면 부모는 주위에 이런 능력이 있는 사람을 찾아 도움을 청해야한다.

결론적으로 위에 제시 한 여섯 종류의 자녀문제는 부모가 제대로 역할을 하지 못한데서 비롯된 비극이다. 이런 비극은 비단 위 사례에만 국한하지 않을 것이다. 그 정도가 비록 약하지만 우리나라 모든 자녀들이 겪고 있고 고민하는 문제일 것이다. 한번 쯤 부모들은 자기가 자녀에게 어떤 부모인가를 반성하고 자녀가 위와 같은 고민을 하고 있지 않은지를 알아볼 필요가 있다. 그리고 자녀에게 문제가 있다고 판단되면 하루빨리 전문가의 도움을 받아야 한다.

◆2

우리 가정에서 어떤 일이 발생하고 있는가; 부부들의 이야기

도박과 게임중독에 빠진 남편들

매 맞고 사는 부인들

바람피는 부부들

카드깡으로 무너진 부부관계

성격상의 차이로 고민하는 부부들

부부관계가 자녀에게 미치는 영향

2

우리 가정에서 어떤 일이 발생하고 있는가; 부부들의 이야기

다음 사례는 저자가 바른사회시민회의와 무악동 평화의 집의 도움을 받아 처음에는 서대문구 무악동 소재의 주민들을 상대로, 다음에는 서울 시내 거주자로 확대해 상담을 했던 내용이다. 시기는 1990년도 부터이고 여기 제시된 사례는 저자가 상담한 사례 중 그 일부이다. 피상담자의 프라이버시를 존중하기 위해 가명을 썼고 개인적 인적 사항은 두루 뭉실하게 표현했다. 그러나 상담내용은 모두 사실이다.

저자에게 상담을 받은 사람은 주로 부인이었다. 그리고 그들이 저자를 찾은 이유는 주로 부부간의 갈등 때문이었다. 여기에 제시한 상담사례 수는 부부 4명(D, E와 G, H)을 포함한 14명이다. 그런데 이 부부를 제외하면 모두가 여자이다. 그리고 두 사례가 중류층(C와 I)인 반면 나머지 12명이 모두 저소득층이다.

저자의 상담사례에서 부부갈등의 원인으로 제일 많이 호소된 것은 무엇인가? 대부분이 한 가지가 아니고 두 가지 이상이다. 예컨대 남편이 도박을 하고 바람을 피운다고 호소한 사람이 있는가 하면 한 부인은 남편이 주벽이 심하고, 자기를 구타하며, 거기다 바람까지 피운다고 울먹였다. 이제 12사례를 부부갈등의 원인별로 나누어 제시하고자 한다.

도박과 게임중독에 빠진 남편들

남편이 도박을 하거나 게임에 중독되었다고 호소한 부인들이 있었다. 이 문제로 상담을 요청한 사례는 다음 두 사례이다. 각 사례를 살펴보기로 하자.

I녀(30대, 고졸)이야기

딸(유치원생) 하나를 데리고 왔다. 애는 직원이 봐주기로 하고 상담을 시작했다. 말을 너무 빨리해 쫓아가기가 힘들었다. 문제가 복잡하다고 한다. 내용은 남편이 가출한지 1년이 넘었는데 남편을 수소문해보았더니 시누이집에 숨어있는 것을 발견했다.

남편은 청원경찰을 하고 도매점의 기사로 일했다. 연애결혼인데 결혼한지 4년 후 가출하고 현재 1년이 되었다. 남편이 회사에서 쫓겨났는데도 불구하고 자기를 속여 직장에 다니는 것처럼 자기에게 월급을 주곤 했다. 가출한 이유는 컴퓨터 게임(리니지)에 중독되어 8천 만 원의 빚을 졌기 때문이다. 자식이 커가고 하니 그들을 먹여 살릴 일이 막막해 가출한 것 같다. 남편이 대출금을 갚지 못해 은행에서 집기를 차압했는데 나중에 알고 보니 3천만 원 정도는 갚았다. 시집에서 갚아준 것이다.

I녀는 4천만 원에 전세를 들어 살고 있는데 집의 계약서는 자기가 가지고 있다. 계약자는 남편이름으로 되어있다. 현재 살고 있는 집은 경매로 팔리는데 그 때 전세돈은 받을 수 있지만 그것을 시집에서 가지고 갈 것이다.

현재 이혼을 고려중이다. 그래서 법률구조공단, 여의도 법률상담소를 찾아갔는데 자격이 되면 도와주겠다고 하는데 결정을 내리지 못하겠다. 딸이 자꾸 아빠를 찾기 때문이다.

결혼 후 시부모와 같이 살았는데 시아버지는 자기를 사랑했으나 시어머니는 자기를 싫어했다. 시부모 사이가 좋지 않았고 시아버지는 결혼한지 2년 후 사망했다. 시어머니는 혼자 산다. 전셋집에 살고 있으며 현금 3억 원 정도를 은행에 넣어 이자로 생활한다. 같이 합치자고 했는데 시어머니가 반대한다.

I녀는 고시원에서 일을 하고 최근 정식직원이 되었다. 토, 일요일도 없이 근무해야 하므로 이혼수속을 밟을 시간도 없다. 자기를 도와줄 집안 식구가 하나도 없다. 그들이 지방에 거주하고 있기 때문이다.

저자는 그녀에게 이혼을 준비해야 될 것 같다고 말했다. 그 이유는 남편이 서울에 있는데도 불구하고 그녀에게 연락하지 않기 때문이다. 그가 직장도 없고 빚은 많은데 가족을 부양할 것을 생각하니 부담이 되기 때문에 귀가하지 않을 것이라고 판단했다. 그는 외동아들로 너무 귀엽게 자라 이기적인 성격이 된 것 같다. 저자는 내가 필요하면 언제든지 다시 방문하라고 말했다.

M녀(40대, 고졸, 만화가)이야기

M녀에게 어떻게 오게 되었는가 하고 물었더니 전에 EBS방송에서 저자가 상담하는 것을 청취했다고 한다.

남편(40대, 고졸, 만화가)은 4남매 중 막내로 태어났다, 큰누나는 초교 교사이고 둘째누나는 미국이민을 갔고 형은 중소기업에서 일한다. 모두 대학졸업자이지만 남편은 3수하고 만화가가 되었다.

M녀는 5년 전 결혼했는데 연애하다 애가 생겨 결혼했다, 당시 자신의 나이는 35세이고 남편은 39세이었다. 직장에서 알게 되었는데 얼마 만난 후 같이 자자고 했다, 결혼 전부터 자주 자자고 해서 아이가 생겼다. 딸의 나이는 5살이다. 부부간의 성적 문제는 없다. 그러나 요즘 부부관계는 몇 달에 한 번 꼴이다.

시아버지(70대, 군 장교 전역)가 있고 시어머니와 자신과의 사이는 좋다. 현재 시부모와 같이 살고 있다. 남편이 컴퓨터 게임 중독으로 직장도 안 나간다. 일감을 맡아다 주어도 일을 며칠 하고는 곧 그만둔다. 워크래프트 게임에 중독되어 대인관계가 원만하지 않고 친구가 없다.

이혼하고 싶은데 갈 데가 없다. 친정 어머니는 돌아가셨고, 돈은 시부모에게 맡긴 이 천만 원이 전부다. 그렇지만 이혼하고 혼자 살아갈 능력이 있다.

몇 가지 대안을 제시했다. 첫째 남편에게 충격요법을 써서 이혼을 생각하고 있다고 말하라고 했다. 그리고 남편에게 상담가나 정신과 병원에서 치료를 받도록 권유하고 만일 남편이 권유를 거절하면 그 때 이혼을 준비하라고 조언했다.

이혼 시 양육권문제에 관해 정보를 주었다. 남편이 상담을 받겠다고 하면 같이 오라고 말했다. 이혼하면 딸을 자기가 키웠으면 하지만 남편에게 맡겨도 좋다고 말한다. 그러나 그 문제는 잘 생각해서 결정하라고 말했다.

매 맞고 사는 부인들

남편이 폭력을 휘두르는 경우가 더러 있다. 이 문제로 상담을 받은 사례는 다음 두 건이다. 첫째 사례는 젊은 신혼부부이고 둘째 사례는 나이가 든 부부로서 부부가 함께 상담을 받았다.

N녀(30대 대학원 수료) 이야기

저자가 하는 인터넷 상담을 보고 나의 이 메일 주소로 긴 하소연을 보내왔다. 그리고 대면상담을 신청해 만났다, 연구실 문을 소리 나게 두들기고 들어왔는데 대학생 차림이어서 그런지 무척 어려 보였다.

결혼 한지 6년이 되었으며 남편은 30대로 고졸이다. 친구 소개로 만나 사귄지 5개월째 결혼하기로 작정하고 10개월 만에 결혼했다. 부모의 반대가 있었지만 강행했다. 남편이 하는 격투기 비슷한 운동이 재미있고 사업성이 있어 도와주고 싶었다. 운동을 같이 한다.

남편은 가정이 파탄난 곳에서 자랐다. 시아버지가 다른 부인과 거의 결혼할 뻔하다 애까지 낳고 그 부인과 헤어졌다. 그리고 지금의 시아버지와 시어머니가 결혼했지만 둘은 불화했다. 시아버지는 가출하여 다른 여자와 살다 돈만 빼앗기고 돌아와 2년 전 사망했다. 시어머니에게도 문제가 있었는데 춤바람이 나서 가출한 적이 있다.

남편은 일찍 의경에 들어갔는데 그곳에서 폭력이 난무했다. 제대하고 보니 집이 파탄나 갈 곳이 없어 친구 집에 동가식 서가숙했다.

후에 남편 초등학교 친구를 만나서 알게 된 사실인데 남편이 매일 싸움박질만 했다고 한다. 아무런 이유도 없이 그렇게 했다는데 저자의 생각은 부모로부터 버림받은 탓일 것이다. 시동생도 결혼했다가 이혼했다.

N녀는 1남 2녀 중 가운데이다. 오빠는 전문대를 졸업하고 정보회사에 재직 중이며 여동생도 결혼했다. 아버지는 운수업을 하는데 어머니가 악착스럽게 일수도 놓고 집을 늘려 집이 두 채고 재산도 몇 억 있다.

남편이 하는 체육관은 그런대로 운영이 되고 앞으로 사업이 번창할 것이다. 외국에 일 년에 한 번 나가는데 남미에 원조 선생이 있고 일본에 그의 제자가 있다. 외국에 나가면 부부가 함께 나가는데 지금까지 여러 번 쫓아 다녀 그 때마다 기분 전환을 했다.

남편과는 오래전부터 부부싸움을 벌였는데 처음에는 사소한 말다툼이었다가 남편이 폭력을 행사하는 것으로 발전했다. 고막이 두 번이나 터져 화가 나 경찰서에 신고했다. 형사가 이혼하라고 충고했다. 그 후 시에서 운영을 보조하는 폭력상담소에서 부부가 상담을 받았다. 상담가가 비전문가라서 별 효과를 보지 못했다.

남편은 윗사람에게 적개심을 가져 어머니를 장모님이라고 부른 적이 한 번도 없다. 개를 4마리나 방에서 키우는데 똥 한번 치우지 않는다.

이기적이어 자기가 먹고 싶은 것을 꼭 먹어야 한다. 집안일을 거들어주는 것이 하나도 없다.

N녀에게 다음과 같이 말했다. “이혼여부는 본인이 결정하는 문제이고 나는 의견만 제시하는데 남편이 성격을 고치기는 무척 어렵다. 즉 남편의 폭력 행사가 근절되기 어렵다. 고치려면 부부 상담을 받아야 하는데 그 효과는 미지수다. 그러므로 당신이 말하는 부부대화기법이니 하는 것은 큰 효과가 없을 것이다. 나와 만나는 것은 남편에 대한 적개심을 분출하여 이를 정화하는데 도움이 될 것이다.” 그 후 전화가 왔는데 자기가 이혼하기로 결정해 더 이상 상담이 필요하지 않다고 한다.

D(남50대, 택시기사), E(40대, 초졸, 전업주부) 부부의 이야기

부부싸움을 자주 하므로 그것에 관해 상담을 받기를 바랬다. 부부가 어떻게 만나게 되었는가 물었더니 지하철에서 만났다고 한다. 부인은 미인은 아니지만 남자들이 따를 인상으로 얼굴이 작고 체격도 호리호리하고 동안이다. 남편도 준수한 얼굴이다.

부인은 남편이 자기와 결혼하기 전에 딴 여자와 동거하고 있었고 그녀로부터 딸 하나를 이미 낳았다고 한다. 그녀를 기를 때 남편과 시어머니가 자기 아들보다는 전실 딸을 더 사랑하여 속상했다고 한다. 남편이 술을 많이 마시고 그러면 정신을 잃고 자기를 구타한다. 전에도 여러 번 구타하여 병원에 입원하였다.

남편은 부인이 고집이 세고 하지 말라면 하지 말아야 하는데 고집을 피워서 때린다고 한다. 상담자가 어떤 경우라도 부인을 때려서는 안 된다고 말하고 부인에게는 남편이 다시 폭력을 휘두르면 경찰에 신고하라고 충고했다.

부인은 남편이 중동에 나가있는 동안 시동생이 자기를 겁탈하려 한 적이 있다고 말했다. 남편은 이를 부인하는데 부인은 시누이, 시어머니에게 이 사실을 알린 바 있다고 저자에게 말해 그것이 사실이라고 주장했다. 최근 그 문제로 또 싸우고 남편이 그 것이 날조라고 해 부인이 시동생 집에 가서 따지자고 한 적이 있다.

저자는 부부가 너무 심각한 갈등을 갖고 있고 또 분노의 골이 깊어 부부로서 더 이상 인연을 맺기가 어렵다고 생각하면 이혼할 것도 생각해보라고 제의했다. 그랬더니 두 부부는 그 문제도 많이 생각했는데 위자료가 문제라고 말한다. 부인은 남편이 재산의 반을 준다고 하는데 아들(대학생 20대)의 양육비를 따로 더 내놓아야한다고 주장한다. 남편은 다 큰 아들에게 무슨 양육비냐고 등록금 마지막회분은 낼 용의가 있으나 따로 양육비는 못 내겠다고 주장한다.

위자료문제를 갖고 다투는 것을 보고 저자는 두 부부가 같이 살 용의가 어느 정도 있음을 간파했다. 그래서 종전의 태도를 바꾸어 부부가 같이 살 것을 종용했다. 이제 그 나이에 서로 갈라서보았자 재혼하기도 힘들고 특히 아들이 충격을 받지 않겠느냐고 말했다. 저자가 부인에게 부자관계에 관해 물었더니 부인은 아들이 내성적이라서 아버지를 슬슬 피하지만 마찰은 없다고 한다. 이혼하면 아들은 자기와 같이 살 것이라고 말한다.

남편에게 더 이상 부인에 대한 폭력을 금할 것과 만일 그런 사태가 발생하면 부인은 병원에 진단서를 끊고 남편을 고발하라고 조언했다. 술도 좀 줄이라고 말했더니 개인택시를 운영해 이틀에 하루 꼴로 쉬므로 그 때부터 술이 더 늘었다고 한다. 주량은 소주 두병이고 취하면 2,3차까지 간다고 한다. 부인에게 남편이 약속을 잘 이행하는가를 보고하기 위해 다음 주 다시 상담 받을 것을 권유했다.

저자가 상담 중 두 부부가 하도 심하게 말다툼을 하기에 그러면 이혼하라고 엄포를 놓은 것이 효과가 있었던 것 같다. 두 부부는 이혼보다는 상담을 통해 문제를 해결하기를 바랬고 싸울 때 말한 이혼이야기는 본래 의도가 아닌 것 같다.

D와 E 부부 2차 면담

이번에도 부부가 방문했다. 요즘은 무슨 문제로 부부싸움을 하느냐고 물으니까 남편은 자기의 술 문제를 언급했다. 그랬더니 부인은 지난번과 똑같은 이야기를 할 것이면 오늘 무엇하러 왔는가하고 욱박 지른다. 상담자가 부인에게 남편이 이야기해야 할 내용이 무엇이냐고 묻자, 남편이 외도를 해서 바람피우는 곳을 알아두고 그쪽으로 전화를 남편을 바꾸어 달라고 한 적이 있다고 했다. 그러나 여자가 남편을 바꾸어주지 않았고 남편은 그곳에서 하룻밤을 자고 다음날 들어왔다는 것이다. 남편은 그 외도 이후에 그 여자와 두서 너 번 등산을 간 적은 있지만 그 여자와 다른 짓을 하지는 않았다고 잡아뗀다.

한참동안 부부간의 혈전이 계속 되었는데 저자는 이것을 그냥 묵인하였다. 일종의 카타르시스이기 때문이다. 싸움 중 전처 딸이 비행소녀가 된 원인이 상대방에게 있다고 서로 헐뜯었다. 남편이 전실 부인으로부터 낳은 딸은 현재 20대 후반이고 6년 전에 가출했다. 그녀는 회사에 취업했지만 1,300만원의 카드빚을 진 후 가출하였다.

어느 정도 시간이 흐른 후 저자는 앞으로의 삶이 중요하다는 이야기를 했다. 전처 딸의 문제는 이제 그 잘못을 논해봤자 서로 상처를 건드리는 것뿐이라고 말했다. 그러자 부부가 아들에 관해 저자에게 이야기를 시작했다. 아들이 애인이 있는데 같은 학교 대학생이라고 한다. 그래서 부부가 무학이면 곤란하니까 부인이 한 것처럼 남편도 중고검정고시과정을 밟으라고 했다. 내년 아들이 군 입대하는데 그러면 경제적인 여유가 생기니까 동네에 있는 공민학교에 다니겠다고 말한다. 두 부부에게 내가 쓴 '미안하다고 말하기가 그렇게 어려웠나요'를 읽어보도록 추천했다. 부부싸움이 자녀에게 주는 영향을 가르쳐주기 위해서이다. 상담은 일단 이것으로 마무리 짓고 다시 문제가 생기면 방문하라고 조언했다. 부부가 굉장히 고마워하고 자기 택시로 모셔드린다는 것을 내 차가 있다고 사양했다.

바람피는 부부들

부부가 바람을 피우는 경우 한국에서 그것은 흔히 남자의 경우였다. 우리나라에서 부인이 남편 몰래 바람을 피우는 것은 극히 예외다. 그러나 최근 부인이 외도하는 경우가 더러 발생한다. 배우자의 외도를 호소하는 상담사례는 4건이었는데 그 중 3건은 남편의 바람이었고 나머지

1건은 부인이었다(L녀).

A녀(40대, 초졸)이야기

A녀는 남편의 도박과 바람으로 이혼을 고려하고 있다. 남편(40대)은 중학중퇴 학력자로 철물점을 운영하고 있는데 철물점은 서울 근교에 있다. 집에 늦게 들어오는 일이 잦아지던 어느 날 바람을 핀다는 사실을 알게 되었다. 현재 아들 둘(장남은 대학입학)과 딸 둘을 두고 있다.

9년 전에도 남편이 바람을 피웠는데 남편이 본래 두 여자와 친했으나 한 여자에게만 호의를 베풀어 질투가 난 두 번째 여자가 자기에게 그 사실을 고자질해 알게 되었다. 남편이 가끔 A녀를 때린다. 그래서 오른손에 마비가 왔다. A녀도 장사를 해서 경제생활에는 문제가 없다. 남편은 아이들은 사랑하는 편이다.

이혼할 것인가를 물었더니 아이들 때문에 이혼은 하지 않겠다고 한다. 이혼을 하지 않고 그대로 살려면 남편이 다시 폭력을 가하는 경우 이를 방치해서는 안 된다고 조언했다. 그런 사건이 재발하면 병원에 가서 진단서를 끊고 경찰에 신고해서 남편의 버릇을 단단히 고쳐야한다고 역설했다. 밤에 잠을 잘 못 잔다고 하여 정신과에 가서 약을 처방받도록 조언했다.

B녀(30대, 고졸) 이야기

남편은 은행원으로 지방에서 근무하고 있다. 2남 1녀의 어머니다. 왜 왔냐고 물었더니 어떻게 보면 대수롭지 않은 일인데 왔다고 말했다.

그러나 이야기를 시작하면서 눈물을 쉴 새 없이 흘렸다.

남편과 결혼한 것은 대학 재학 중이었고 임신한 상태에서 졸업했다. 남편은 고졸사원으로 은행에 입사한 후 대학을 다녔다. 시어머니와의 갈등을 많이 호소했다. 시어머니가 아들을 원했는데 딸을 낳았다고 투정한 것, B녀가 둘째 애 임신했을 때나, 허리가 아파 병원에 입원했을 때 당연히 도와주어야 하는데 시어머니가 모른척하고 그냥 고향으로 내려 간 일 등이었다. 지금도 자기는 용돈도 드리고 잘 하려고 하는데 서로 냉전이 계속된다.

남편은 지방에 전근 갔을 때 자기 말을 듣지 않고 아이들과 자기가 따라 가도록 해 지금까지 지방전근을 따라다녔다. 그러다 보니 집도 한 채 장만 못하고 지금 서울에서 전세를 들어 살고 있다.

남편이 서울에 근무할 때 같은 부서 여직원(유부녀)과 불륜관계를 가졌다. 현장을 목격하고 점잖게 타일렀다. 그러나 그 후 그녀와 술자리를 자주 하는 것 같다. 최근에는 지방 지점에서 기숙사에 혼자 기거하고 있다. 남편이 생활비를 보내주지만 남편의 카드 청구서가 자주 날아와 신경이 쓰인다. 남편하고는 냉전중이다.

지금 자기가 한 것이 하나도 없어 후회가 막심하다. 우울증으로 의사한테 처방을 받았으나 약을 먹지 않았다. 다시 병원에 가 약을 처방 받으라고 말하고 다음 주에 만나기로 했다.

B녀 2차 면담

지난 1차 면담 때 한 약속 즉 정신신경과에 갔었는가를 확인했다. 정신병원에 가서 약을 받아왔다고 한다. 하루 3번씩 알약을 먹는데 자기가 약에 의존하는 것에 자존심이 상한다고 하고 이와 비슷한 이야기를 의사에게 말했다가 꾸중을 들어 기분이 나빴다고 한다.

자책을 하는 것에 관해 상담을 했다. 그녀는 어떻게 보면 자기가 잘못한 것이고 남편이 잘 하고 있다는 생각을 하고 있다. 즉 남편이 남들에게 잘 하는데 자기가 트집을 잡는 것 같다고 이야기 한다. 그래서 지난 번 상담 때와는 왜 다른 이야기를 하느냐 그것이 잘못된 것이라고 말해 주었다. 우울증이 심하고 그 증상의 하나인 자책 경향이 심하다.

친정에 대한 이야기를 많이 했는데, 아버지를 용서할 수 없다고 말했다. 아버지(60대)는 처음엔 사업을 하다가 망해 경제적으로 핍박을 주고 게다가 바람을 피워 어머니에게 많은 부담을 주었다. 아버지와 사이가 좋지 않아 자기가 일찍 결혼했는데 이것은 일종의 도피라고 말한다. 남편과의 잠자리는 금년 구정부터 새로 시작했다. 그 전에는 자기가 응하지 않았다. 그래서 그것은 잘못된 것이 아니냐, 그래서 남편이 바람을 피웠다고 뒤집어 씌울 수 있다고 조언했다.

B녀는 그 후 4차 면담까지 받았고 항우울제를 복용해 우울증이 없어졌다. 그녀가 배탈이 나 토하고 탈수증이 심해 병원에 입원했는데 남편이 그 때 간호를 정성껏 해 그녀가 남편에 대해 고마움을 갖게 되고 부부사이도 많이 개선되었다. 그래서 저자는 상담을 종료했다.

L녀(40대, 전문대졸) 이야기

어떻게 알고 왔는가 했더니 성당의 친구로부터 저자의 상담이야기를 들었다고 한다. 가족사항을 물어보았다. 남편(40대, 회사원, 전문대 졸), 큰 아들(중 3), 작은 아들(초 6)이 있다.

연애결혼을 했고 결혼한 지 16년이 되었다고 한다. 몇 년 전부터 이혼할 생각을 했다. 이유는 남편이 중독에 가까울 정도로 술을 좋아하기 때문이다. 신혼 때부터 술을 마시기 시작하고 지금은 술을 많이 마셔 회사에 출근하지 못하는 때가 가끔 있다. 남편은 광고판 만드는 일을 한다.

남편은 4남매 중 가운데로 형, 누나, 여동생이 있다. 시아버지는 혈압으로 사망하고 시어머니는 길거리에서 행상을 했고 현재 살아있으며 몇 년 전 3년간 시부모를 모신 적이 있다.

남편이 자기를 갈보라고 이야기한다고 한다. 저자는 처음엔 그 말이 왜 나왔는지 몰랐지만 나중에 알게 되었다. 잠자리를 안 한지가 오래되었다고 한다. 일 년에 몇 번 손을 꼽을 정도라고 한다. 어째서 그랬는가 하고 물었더니 남편이 청해도 자기가 느끼지를 못한다고 한다. 그러면 불감증인가하고 물었더니 아니라고 한다. 자기가 최근 애인이 생겼다고 한다. 그러면 성관계를 가졌는가하고 물었더니 그렇고 즐겼다고 한다.

이제야 이 여자의 문제가 무엇인지 알게 되었다. 남편이 눈치 채고 있으므로 조심해야 한다고 말했다. 왜냐하면 그가 부인을 갈보라고 불렀기 때문이다. 잘못하면 간통죄로 고소당할 수 있고 그녀의 애인이 하는 행동을 보아서는 당신을 데리고 살 사람은 아니라고 조언했다. 왜냐하면 그녀의 애인이 유부남인데 자기는 결혼생활에 만족하지 못하지만 자기 아버지가 바람을 피워 나가 살아서 자기는 아버지처럼 그렇게는 못한다고 그녀에게 말했기 때문이다.

저자는 그 애인은 조만간 당신을 버릴 것이라고 말했다. 당신이 40대인데 좀 있으면 갱년기가 되고 할머니가 될 터인데 그 때까지 애인이 당신을 사랑할 것 같은가? 지금은 나의 조언이 마음에 와 닿지 않을 것이므로 잘 생각해보고 결심이 안 되면 다시 한 번 상담을 받을 것을 조언했다. 그녀는 좀 어리벙벙한 얼굴로 상담실을 나갔다.

카드깡으로 무너진 부부관계

김대중 정권이 외환위기로 침체된 경기를 되살리려고 신용카드사용을 장려했다. 생전 처음 신용카드를 만져보는 주부들이 앞뒤를 가리지 않고 카드를 사용해 신용불량자가 되는 경우가 많이 발생했다. 남편이 당연히 갚아줄 줄 알았는데 눈치를 보니 남편이 갚아줄 것 같지가 않다. 그러면서 은행으로부터 계속 채무를 독촉 받게 되자 그 압박을 이기지 못해 다른 카드를 발행받아 그 카드로 빚을 돌려막는 소위 카드깡을 하게 된다. 그러나 돌려막는 카드깡의 빚은 눈덩이처럼 커지기 마련이고 그에 따라 하루하루가 살기 힘들어진다. 그런 주부들의 하소연이 있었는데 여기서는 두 사례만을 소개하고자 한다.

F녀(고졸, 30대) 이야기

간호사인데 키가 크고 체격이 우람하다. 남편(고졸, 40대)은 건축 일을 하는데, 독자적으로 점포를 가지고 있지 않고 큰 건물의 공사가 있을 때 친구와 같이 일한다. 그래서 수입이 일정치 않다. 두 아들이 있는데 중 2와 중 1년생이다.

상담하게 된 이유는 자기가 큰 잘못을 저질렀기 때문이라고 한다. 카드빚을 지고 사채를 썼는데 그것이 이자가 붙고 연체되어 은행과 사채업자로부터 시달린다고 한다. 왜 빚을 지게 됐는가라고 물으니까, 자기도 답답하다고 한다. 사치한 것도 아니고 호사한 것도 아니고 생활하다보니까 돈이 모자라 카드를 이용하게 되었다. 조금만 쓰는 것이니 갚을 수 있다고 생각하고 썼는데 이자가 불어나니까 감당할 수가 없게 되었다.

남편이 그 사실을 아느냐고 물으니까, 대충 알고 있다고 하며 퇴직금으로 해결하고 집에 들어앉으라고 하는데 이미 퇴직금도 당겨썼다고 한다. 그러면 그 사실을 남편에게 알리고 도와달라고 말했더니 그렇게 하는 것이 쉽지가 않다고 말한다.

남편이 결혼 후 자기에게 가계부를 쓰라고 했는데 안 썼더니 자기를 믿지 못하고 월급을 모두 가져다주지 않고 찔끔 찔끔 주었다고 한다. 그런데 임대아파트를 얻을 때(2천만 원), 자기가 적금을 붓고, 은행대출을 받아 자기 힘으로 했다고 한다. 남편은 친척을 만난자리에서 우연히 아내 이야기를 하였는데 빚 문제로 아내와 이혼할 수 있다고 말했다.

저자는 남편이 만약 도와주지 않겠다고 말하면 이혼할 수밖에 없고 그렇다면 임대아파트를 해약해서 그것으로 빚을 갚고 친정집으로 들어가면 어떤가하고 물었다. 그랬더니 아파트 임대가 남편이름으로 되어 어렵지 않은가하고 말하며 친정집으로 갈 수도 없는 형편이라고 한다.

그리고 자기가 전에 빚 문제를 해결해달라고 무릎 꿇고 남편에게 애원했는데도 남편은 단 한마디로 끊었다고 한다. 그리고 지금까지 자기는 하고 싶은 대로 다 하는데 예컨대 차도 3년 타고 바꾸어 왜 그랬느냐고 했더니 지금 호기를 부리지 않으면 영 못한다고 말했다.

자기가 남편을 너무 위해 주었기 때문에 남편이 자기 알기를 우습게 알아 몹시 후회가 된다고 한다. 자기 어머니가 남편만을 위해 살아왔기에 자기도 그렇게 하는 것인 줄만 알고 남편에게 모진 소리 한 마디 못했다고 한다. 저자도 그 점에 동의했다.

저자는 당장 오늘 저녁에 남편에게 퇴직금도 당겨써서 사면초가라고 말하고 도와달라고 부탁하고 그 다음 행동을 보고 대책을 마련하자고 말했다. 남편이 같이 상담을 받으면 어떠냐고 말했더니 자기도 그것을 원하는데 잘 될지 모른다고 말한다. 다음 주에 다시 만나기로 했다.

F녀 2차 면담

F녀는 첫 번 째 상담을 받은지 한 달이 거의 지난 때 2차 상담을 청해 왔다. 남편에게 카드빚에 관해 이야기하고 도움을 청했는가하고 물었더니 그렇게 못했다고 말한다. 오늘도 눈물을 많이 흘린다. 조금이라도 남편이 위로해주는 말 한 마디만 하더라도 용기를 가질 터인데 그것이 아쉽다고 했다. 남편에게 편지를 한 번 써보라고 말했다. 남편이 지금은 김포 쪽에 일거리가 있어 일주일에 하루만 집에 들어오기 때문에 이야기를 꺼내기가 어렵다고 한다. 편지를 쓰고 그 결과를 보고해달라고 말했다.

C녀(40대 고졸, 전직 은행원)이야기

어떻게 왔는가하고 물었더니 성당주보에 저자의 상담안내가 난 것을 보고 왔다고 한다. 나이에 비해서는 그렇게 늙지 않은 미인형이다. 문제는 자기가 4,000만원의 빚을 지었고 남편도 금융회사에서 일하는데 억대의 빚을 안고 있다고 한다.

남편과는 친구의 소개로 만났다. 딸만 둘 인데 고 3과 고 1이다. 지금 한참 돈이 많이 들어가는 때인데 걱정이 많다. 점차 이야기가 진행되자 남편의 바람기도 등장했다. 남편과는 잠자리는 한 달에 한 번 정도하는데 남편은 자기의 의무는 다한다고 생각해서 잠자리를 한다고 자기에게 말한다.

남편의 바람은 10년 전부터 시작했는데 핸드폰에 여자의 메시지가 뜨고 결정적인 것은 얼마 전 그의 일기를 훔쳐봤는데 헤어진 애인을 잊지 못하는 내용이 들어 있었다.

남편(40대, 대졸)이 술을 많이 하고 신경질적이다. 현재 집은 서울 강북 30평대 아파트에 살고 있다. 집의 명의를 다른 사람이름으로 바꿔놓았는데 은행의 빚이 많기 때문이다. 현재 남편과 이혼을 신청해 놓은 상태인데 3개월의 숙려기간이 지나면 이혼이 성립된다.

C녀 2차 면담

우선 지난 번 약속한 것 즉 정신과에 갔었는가를 확인했더니 약봉지를 보여주었다. 항우울제인 것 같다. 그런데 의사가 필요할 때만 먹으라고 한단다. 그래서 다 먹으라고 했다.

우선 왜 평범한 부인으로서 그렇게 많은 빚(4천 600만원)을 지게 됐는가를 물었다. 그랬더니 자기도 이해가 가지 않지만 생활하다보면 그렇게 된다고 한다. 시댁에 매달 30만원 씩 용돈을 드렸고 또 자모회 회원들과 어울리다보면 항상 돈이 쪼들렸다고 한다. 카드로 돌려막다 이자가 커진 것은 97년부터 2003년 사이이다. 그런데 그 동안 남편에게 이 사실을 숨기고 작년 1월에 갑자기 자기가 빚이 많다고 말했더니 남편이 전 식구에게 알려 한 밤중에 식구들이 몰려와 자기를 죄인 취급했다. 그 후부터 남편에 대한 정이 떨어졌고 남편도 마찬가지일 것이라고 말했다.

부부 잠자리는 지난번에는 한 달에 한 번이라고 말했다가 오늘은 일주일에 한 번이라고 정정했다. 나는 이혼장은 접수시키지 않는 것이 좋다고 말했다. 남편은 그것을 기화로 생활비도 안 주고 가정에 더 불성실할 수가 있기 때문이라고 말했다. 그랬더니 그렇게 하겠다고 말했다.

성격상의 차이로 고민하는 부부들

부부들이 살아온 방식이 다르고 서로 성격에 차이가 있어 갈등하기 쉽다. 가부장 사회에서는 남편이 독재적으로 군림해 가정불화가 발생한다. 그러나 최근에 이르러 여자 성격에 문제가 있는 경우도 있다. 이 문제로 호소한 사람은 두 사람인데 그 중 하나는 남편의 성격문제를 호소한 것이다. 다른 한 건은 처음에는 남편에게 문제가 있는 줄로 알았는데 그녀의 남편을 면담한 결과 여자에게 문제가 있다는 것이 밝혀졌다(G와 H부부 사례).

G녀(30대. 전문대 졸) 이야기

성당주보를 보고 친정어머니가 가르쳐 주어 왔다고 한다. 무슨 일이냐고 하니까 부부간의 문제, 시댁과의 문제라고 말하며 자기가 그 내용을 글로 써왔다고 워드 프로세싱한 것을 보여주었다. 그것은 내가 나중에 읽기로 하고 말로 이야기하자고 했다. 말을 해야 감정이 정화된다고 말했더니 알아들었다.

남편의 성장사를 장황하게 이야기 했다. 간추리면 다음과 같다. 남편은 생모가 초 6학년까지 기르다 본가에 보냈다. 남편 생모는 월남군인 미망인이었다. G녀 친정은 딸이 위로 다섯 명이 있고 아버지가 바람을 피워 남동생 하나 여동생 하나를 더 얻었다.

시아버지는 알콜 중독자이다. G녀는 올케들과 시동생문제로 대판 싸우고 폭행당했는데 그 이유는 시동생을 자기 집에서 맡아주기를 원했으나 자기가 반대했기 때문이다.

G녀는 남편(30대, 전문대 졸)과는 전문대 다닐 때 만나 결혼했다. 점포를 운영하다 교복 총괄점을 맡고 있다. 사장이 모든 것을 맡겨 혼자 하느라고 매일 저녁 12시가 넘어 귀가한다. 직장을 옮기자고 말해도 남편이 의욕이 없어 답답하다. 그리고 서로 가치관이 맞지 않는다.

가정이야기에서 너무 맴돌아 상담자는 남편이 늦게 들어오는 이유를 물었다. 혹시 남편이 당신을 피하는 것이 아닌가, 잠자리는 요즘도 하는가라고 물었더니 부부관계를 가진 지가 3년이 넘었다고 한다.

상담자는 부부관계의 골이 깊으므로 이혼을 하든지 아니면 부부가 상담을 받든지의 방법밖에 없다고 말하고 남편을 나에게 보낼 것을 요청하고, 같이 오면 더욱 좋다고 이야기했다.

H남(30대, 전문대 졸) 이야기

처음에는 상담자가 몰랐었는데 이야기를 하다 보니 바로 위에 제시한 G녀의 남편이다. 부인이 아닌 처형의 권고로 상담을 받으러 왔다고 한다.

부인에 대한 불만을 털어놓았다. 성격이 이기적이고 타협을 하려고 하지 않는다. 처갓집에서도 그녀는 건드리지 않는다고 한다. 부부싸움을 하고 난후에도 잠자리를 같이 하려 해도 부인의 거절로 성사되지 못한다. 다만 자식을 위해 살 뿐이다. 상담자는 그런 부부라면 차라리 헤어지는 것이 낫다고 말하고 이O석 이야기를 하고 그 책을 읽어보라고 권했다.

그리고 부부가 같이 상담을 받을 필요가 있다고 말했더니 한 번 시도해 보겠다고 말했다. 그러나 그 후 두 부부는 더 이상 상담을 받으러 오지 않았다.

K녀(40대. 초대 졸, 유치원교사) 이야기

남편(40대, 철도고교 졸, 방통대 졸업)은 유치원에서 자기와 같이 일하다 지금은 학원을 경영하고 있다. 딸이 둘 있는데 중 2학년과 초 4학년생이다.

저자가 출연했던 EBS의 부부상담 프로그램을 보고 왔다. 작은 키에 연약한 몸매다. 위궤양을 오랫동안(3년) 앓았는데 낫지를 않는다. 부부간의 불화 때문이라고 한다. 남편은 결혼정보회사에서 만났다. 시집식구를 설명하면 남편이 막내고 위로 아주버니가 둘 있다. 첫째 시아주버니는 이혼하여 소식이 끊겼고 둘째도 직장을 못 얻어 접촉이 없다.

남편이 자기를 무시한다. 고압적이고 TV도 못 보게 하고 자기를 무식하다고 나무란다. 자기가 살림을 맡고 생활비로 하루 만원씩 준다. 자기가 유치원을 운영하고 남편은 원장이지만 자기 밑에서 사무 일만 본다. 돈을 모아 큰 평수(40평대) 아파트를 샀는데 부부공동명의로 하자니까 자기 이름으로 했다.

이혼을 하려해도 사유가 없어서 안 된다고 한다. 그러면서 자기가 변화해 남편의 태도를 바꿀 수 있는 방법이 있겠느냐고 물어왔다. 나는 그녀에게 그런 식으로 살아서는 남편의 기를 더 살려줄 뿐이라고 말하고 지금부터라도 충격 요법을 써서 남편의 행동을 바꾸라고 말했다. 딸이 방학하면 남편을 팽개치고 경상도의 부모 집으로 피신하라고 권했다.

우선 다시 병원에 가 위궤양 치료를 받고 정신과에 들러 처방을 받도록 했다. 그리고 나를 만났다는 이야기를 하라고 했다. 그러나 남편의 성격이 고쳐지기는 어렵다고 말하고 다음에 다시 오라고 권했다.

부부관계가 자녀에게 미치는 영향

앞에서 가정은 교육의 장(場)이라고 말했다. 우리는 가정에서 많은 것을 배우고 드디어 한 인격체로 성장하는 것이다. 그런데 개인의 인격 성장은 부모의 영향을 많이 받는다. 부부가 원만하면 자식도 낙천적이고 대인관계도 원만하다. 반면 부부가 불화하면 자식들은 불안하고 우울해진다. 친구를 잘 사귀지도 못하고 가정문제 때문에 주눅이 든다. 학교에서 왕따를 당하는 학생들의 가정환경을 살펴보면 대부분 부모가 사이가 좋지 않다. 부모가 불화하는 경우 그 자식들도 결혼을 해서 이혼하는 경우가 많다. 그래서 심리학자들은 이혼은 심리적으로 유전한다고 말하기까지 한다.

여기서는 정상적 기능을 하는 부부가 자녀에게 주는 영향은 언급하지 않기로 한다. 역기능의 부부관계가 자녀에게 어떤 영향을 주는지를 살펴보고자 한다.

부모의 불화와 아들의 대인기피증; L남(30대, 대졸, 회사퇴직자)

오랫만에 남자가 상담실에 나타났다. 키가 크고 깔끔한 얼굴이다. 무슨 문제가 있을 것 같지는 않다. 가정환경을 보면 아버지는 사업(60대, 고졸, 세탁소, 옷가게, 금은방 등을 운영했음)을 하며 어머니(60대, 중졸)가 아버지의 사업을 돕고 있다. 누나(30대, 고졸, 주부)가 한 명 있고. 형은 고 3때 교통사고로 사망했다.

L은 부산에서 출생하여, 그곳에서 고교를 나와 90년 서울 모 사립대학교 전산학과에 입학했다, 2003년 졸업 후 대기업에 취업했다.

고교 때부터 우울증이 있었으나 심하지 않아 그대로 견뎠다. 회사에 취직하여 업무가 과다하여 스트레스를 받아 죽으려고 청산가리를 먹었으나 실패했다. 자살을 기도한 이유는 매달 50만원씩 부모에게 보내주어야 하는데 그것이 부모에게 아무 도움도 되지 않았기 때문이다. 왜냐하면 부모의 빚이 일억 원 정도 되는데 언 발의 오줌 누기였다. 누나도 친정에 많은 도움을 주는데 마찬가지다.

부모간의 부부싸움이 심했다. 아버지는 폭력을 휘두르고 통장, 새마을 회장 등 감투 쓰기에 골몰하였고 돈을 벌기보다 쓰기에 바빴다. 의처증을 가지고 있었으며 어머니를 병원에 실려 갈 정도로 구타했다. 어머니는 답답하고 짜증만 난다.

자신은 사람들과 어울리지만 그렇게 좋아하는 편이 아니다. 누나도 집에 사람이 오는 것을 싫어한다. L도 대인기피증이 있다. 현재는 친구 전세 집에 방 하나를 얻어 살고 있다. 생활은 퇴직연금을 받아 한다. 직장을 갖기 전에 부모의 고령으로 기초생활자가 되어 의료보험료 등을 내지 않았는데 지금은 사정이 다르다.

저자가 쓴 이O석 사건 책을 읽고 다음에 다시 만나기로 했다. 그리고 자살을 기도한 이유가 아버지에 대한 적개심에 있고 그가 지레 진단하듯이 자신의 신체적 기능의 저하에서 온 것이 아니라고 설명했다. 지금은 약을 먹어 자기가 많이 낫다고 말한다.

L 2차 면담

내가 지난 번 숙독할 것을 요청한 책은 도서관에서 대본되어 읽지 못했다고 한다. 그동안 어떻게 지냈는가 물었다. 학교에 나와 입사설명회도 참석하고 요즘 입사원서 내느라고 바쁘다고 한다. 금년 말까지 취업이 됐으면 한다. 그런데 요즘 취업이 힘들지 않느냐고 말하니까 그간 대기업이 수시로 조금씩 뽑던 것을 요즘 과거처럼 한꺼번에 뽑는다고 한다.

면접할 때 나이가 많고 또 우물쭈물하는 것, 퇴직한 이유 등에 관해서 어떻게 대답할 것인가를 토의했다. 약을 먹었더니 과거에 비해 잠을 잘 자고 또 과거엔 수동적이었는데 지금은 적극적이라고 말한다. 늦게 자고 늦게 일어났는데 지금은 좀 나아졌다고 한다.

자살을 하게 된 동기가 그가 말하듯이 뇌기능의 저하가 아니고 부모 특히 아버지에 대한 분노 때문이란 것을 다시 확인해주었다. 면담은 오늘로서 끝인데 중간에 문제가 발생하거나 다시 자살충동을 느끼면 상담을 신청하라고 조언했다.

의처증 아버지와 그의 아들; K(20대, K대 신학과, 3년)의 이야기

어떻게 왔느냐고 물었더니 나의 홈피에 글을 올렸고 그 곳에서 권했기 때문이라고 한다. 그제서야 그와 인터넷 상담을 한 내용이 기억났다. 가정환경은 다음과 같다.

아버지(60대, 전문대 졸)는 원양어선을 탔고 지금은 근해 어업선장(고용된)이다. 현재는 일하다 안 하다를 반복한다. 15년 전부터 의처증이 있었고 알콜 중독자이다. 아버지의 의처증은 원양어업종사자의 부인들이 바람을 잘 피우기 때문에 생긴 것 같다. 18년 전부터 아버지가 과음을 하고 어머니에 대한 폭행을 자주 했다. 현재 아버지는 경제적으로 무능한 상태이다.

어머니(40대, 초졸)는 식당에서 일하고 70만 원 정도 벌지만 빚 갚느라고 정신이 없다. 누나는(20대) 지방에서 대학을 졸업하고 현재 교사 임용고시 준비차 서울에 와 있다. 누나와는 사이가 좋다.

본인의 문제는 숨이 차고 정신집중이 잘 안 되는 것이다. 현재 서울서 자취하는데 학비와 자취비는 과외를 해서 충당한다. 집에서는 전혀 보조가 없다. 그래서 집도 일 년에 딱 2 번 즉 설과 추석에만 내려간다. 내려가면 어머니가 차비 등으로 부담스러워하기 때문이다. 현재 학교를 계속 1년 휴학하고 있다.

그에게 다음 주에 만날 것을 약속하고 세 가지 일을 하라고 주문했다. 첫째 정신과에 가 진찰을 받을 것, 둘째 나의 책 '미안하다고 말하기가 그렇게 어려웠나요'를 읽어 올 것, 셋째 대학 상담실에 가 그가 테스트 받은 MMPI 성격검사결과를 복사해 올 것.

K 2차 상담

먼저 지난 번 약속한 것을 확인하자고 했다. 그랬더니 정신과에 가서 약을 2주분을 타서 복용했다고 한다. 속이 좀 메슥거리지만 먹었더니 마음이 가라앉고 기분이 좋다고 한다. 그래 고등학교 때도 정신과에 가지 않았느냐고 말했더니 그 때는 피부과에만 갔다고 한다. 약을 계속 먹으라고 이야기했다. 그의 문제는 아버지에 대한 분노이고 기성세대에 대한 반항이라고 말했다. 그랬더니 자기도 좀 알 것 같다고 말한다.

K와의 면담은 3차까지 이어졌다. 3차 면담에서는 아버지에 대한 적개심을 토로하게 하였다. 그리고 어머니가 아버지의 폭력에 대해 무력하게 대비하는 것에 대한 K의 연민도 적라나하게 표출되었다. 가능하면 방학 때도 집에 가지 말라고 했더니 다음 달에 군대 소집영장이 나와 당분간 아버지와 조우할 일이 없다고 한다. 군대 잘 다녀오라고 말하고 상담을 종료했다.

버려진 자식들의 삶; S녀(40대. 초졸)의 이야기

어떻게 왔는가 했더니 생활정보지에 보도된 저자의 상담 기사를 보고 왔다고 한다. 문제는 경제적으로 어렵고 남편이 중환이므로 언제 어떻게 될까봐 걱정이 많다고 한다.

남편(60대)이 뇌경색증으로 10년 전부터 앓아왔다. 병원에 입원해 있다가 3년 전에 집에 데리고 와 병간호 중이다. 애초엔 식물인간이었다가 점차 회복되었지만 지금은 경기를 하는데 그것이 나쁜 징조라 한다. 생계보호대상자였는데 지금은 조건부(2종)로 떨어졌다. 그래서 정부지원처에서 자기보고 일을 하라고 한다. 딸(고 3) 하나가 있다.

남편은 친척이 없이 어렵게 살았고 자신도 마찬가지다. 자기가 자존심이 강해 대인관계가 원만치 않다. 직장에서 그렇다. 예컨대 팀장이 잘못한 점을 내가 지적해주면 "고맙게 생각하지 않고 뭐가 그리 잘 낫어"하고 핀잔을 준다.

형제관계를 살펴보면 삼 형제에 맏이다. 여동생이 둘이 있고(고등학교 졸업) 배다른 동생(20대)이 있다. 피상담자가 초등학교 5년 때 생부가 죽자 어머니는 재가했다. 어머니(60대)가 생존해 있지만 알콜중독자이다. 계부는 고교졸업자인데 배를 타다 인생을 포기하고 술로 세월을 보내다 최근에 사망했다. 계부와 어머니는 밤낮 싸웠지만 계부가 집안이 좋고 배운 사람이라 어머니가 그리 무시하지 못했다.

생부는 지방 시청에서 환경미화원으로 일했는데 어머니가 생부를 괴롭혔다. 어머니의 성격이 문제다. 어머니의 친정이 못살아서 강제로 결혼을 하게 한데서 온 것 같다. 생부 집은 지방에서 수산업에 종사하니까 그런대로 밥은 먹을 수 있었기 때문에 결혼했다. 생부가 죽자마자 어머니가 자기와 남동생은 서울 외할머니 집에 여동생 둘은 큰 집에 맡기고 도망가 재혼했다.

서울의 외할머니가 동생 우유 값을 벌라고 자기를 교인 집에 수양딸로 보냈다. 피상담자가 13살이던 73년부터 76년까지 정신지체아(당시 20대)를 2년 반이나 돌보았다. 그 집에서 죽도록 일하고 할머니가 미리 돈을 받아갔다고 하여 월급도 못 받고 봉사만 했다. 수양모는 처음엔 좋았지만 자기 딸이 S녀를 나쁘게 고자질하고 자기를 학대했는데 그것을 닮아갔다. 16살 때 그 집을 나왔다. 그 집은 미국으로 이민 갔는데 지체아는 비자를 못 받아 아줌마가 아들과 같이 일산으로 옮겨서 살았다. 자기가 앞으로 이 집에서 희망이 없을 것 같아 떼를 써서 외할머니에게 데려다 달라고 했다. 정릉의 어느 교인 집에 맡겨놓고 그 사람이 외할머니와 연락이 되니 그 집에서 기다리라고 했다. 그 집은 포장마차를 하는 집인데 자기를 부려먹고 외할머니와 연락을 할 수 있는데도 시치미를 떼고 데리고 살려고 했다. 그 집에서 사정사정을 했더니 기차표를 사주고 여수로 내려 보냈다. 우선 큰 집으로 갔는데 그곳에서도 받아주지 않으려 했다. 자기가 고생한 것을 큰 엄마에게 이야기하니까 그때서야 자기를 받아주었다. 그러나 동생 둘이 그 집에 얹혀 있었으므로 자기가 더 이상 그곳에 머믈 수 없어 엄마(부산 거주)에게 갔다. 가보니 엄마가 시장바닥에서 생선을 팔고 있고 배다른 동생이 점심도 못 먹고 하루 종일 시장바닥에서 뒹구는 것을 보고 자기가 딱해 집으로 데려가 씻겨주었다. 그랬더니 계부가 자기를 좋아했다. 엄마와 크게 싸웠는데 따지려고 엄마에게 갔기 때문이다. 2년간 그 집에서 살다가 엄마친구의 권유로 페인트칠하는 남자와 부산서 3개월 간 동거했다. 그 사람은 아버지가 집을 남겨주어 괜찮게 살았는데 자기가 밥 먹는 것도 아까워해 그만 도망 나왔다.

엄마는 생부와 매일 싸웠다. 엄마가 밉고 생부는 불쌍하다고 생각한다. 생부가 죽자 엄마가 집을 팔고 도망가려다 큰 집 식구들에게 잡혔다. 집문서를 갈기갈기 찢었다. 다음 주에 만나 나머지 살아온 이야기를 듣기로 했다.

S 2차상담

광고전단지 돌리는 일을 하고 막 돌아왔다고 한다. 수입은 얼마 되지 않지만 그래도 불안이 덜 하다고 말한다. 부산에 살고 있는 친모를 모셔야 하는데 문제가 많다고 한다. 자기 남편도 아픈데 환자를 두 사람이나 두고 살 수 없기 때문이다. 그러나 언젠가는 자기가 모실 것이라고 한다. 어머니와 함께 살고 있는 이복 남동생은 신용불량자라고 한다.

동생들은 잘 있는가 하고 물었더니 둘째 동생은 신용불량자이기 때문에 가출하여 시골에서 혼자 피해 살고 있다고 한다. 막내 여동생은 미혼이고 혼자 산다.

S녀의 딸은 공부를 잘하는가하고 물었더니 아주 잘 한다고 한다. 대학을 못 갈 것 같아 상업고교에 진학했다. 취직도 하고 공부도 할 요량으로. 그런데 자기는 딸에게 공부에만 전념하라고 말했다. 그래서 시립대학교에 보내려고 한다. 그곳은 극빈자녀들에게 장학금 혜택을 주기 때문이라고 한다.

남편을 어떻게 만났는가 물었더니 조실부모하여 어렸을 때 고아원으로 보내졌다. 학교를 못 다녀 문맹자이지만 쉬운 글자는 읽을 수 있다고 한다. S녀가 부산 어머니 집에서 가출하여 이모 집에 기거했다. 이모는 다방을 경영하고 있고 거기서 남편을 만났다. 남편은 돈도 학식도 없는 사람이라 자기가 그를 피해 다방도 그만 두었는데 집요하게 자기를 따라다녀 결혼하게 되었다고 한다. 결혼 후 그는 건달생활을 접어두고 막노동 생활을 하기 시작했다. 그런데 발을 다쳐 집에 처박혀 있게 되었다.

남편이 병이 난 후 S녀는 파출부, 식당 종업원등 닥치는 대로 일을 하여 생계를 유지했다. 두 시누이가 있는 것을 알게 되었다. 딸을 낳고 출생신고를 했는데 호적을 보니 두 시누이가 있었다. 그래서 지금은 가끔 왕래를 하는데 시누이가 반찬거리도 싸가지고 오는데 자기가 사양한다고 한다. 처음 만났을 때 자기들이 의지하려고 찾아온 것처럼 착각하고 경계하였기 때문이라고 한다.

이제 오늘로 상담을 끝내겠다고 말했다. 그녀가 혼자서 하는 일올 맡게 되었고 공동으로 일하는 곳을 피한다니까 대인관계에 대한 해법은 필요 없을 것이라고 말했다. 그녀가 대인관계가 원만치 않은 것은 지금까지 살아오는 동안 남으로부터 피해만 받아왔기 때문이다. 그래서 타인을 경계하고 불안해하는 성격이 발달했다. 이것을 이해하고 자기 행동을 고쳐나가면 되는데 상담자가 말로만 하는 충고로는 어렵다. 장시간의 상담이 필요하다고 말해 주었다.

S녀에게 괴로운 일이 생기고 하소연할 곳이 없으면 언제든지 방문하라고 조언했다. 또 S녀의 성격상 딸과 앞으로 부딛치기 쉽다고 말했다. 그랬더니 피상담자는 딸도 자기 닮아서 성격이 보통이 아닌데 딸에게 자기를 이해해달라고 부탁해 딸과의 문제를 해결하겠다고 말했다. 저자는 그런 식으로 남을 대하면 대인관계도 원만해진다고 말했다. 딸이 대학에 입학한 후 여러 가지 진로문제와 관련하여 나의 조언이 필요하면 상담을 요청하라고 말했다.

2장에서는 갈등을 겪고 있는 부부들의 이야기를 들어보았다. 이들이 갈등하는 원인은 각 제목에서 보는 바와 같이 남편의 도박, 구타, 바람, 신용카드 연체, 그리고 성격차이 등이다. 가정파탄의 원인은 모두가 남자에게 있어 위의 문제의 대부분은 남자가 저지른 것이다. 부인이 잘못을 저지른 것은 신용카드 남발과 어느 한 부인의 외도뿐이다. 이 두 부인의 문제는 과거 우리 가정에서는 없었던 일이다. 신용카드 문제는 이 제도에 익숙하지 않은 부인이 일으킨 잘못이다.

한편 부인의 외도는 의외로 생각되지만 이젠 부인도 남편처럼 바람을 피울 수 있다는 남녀평등의식이 우리 사회에 스며들고 있음을 암시하는 사례이다. 부부간의 성격차이가 가정불화의 주 원인이라는 이야기는 우리가 주의에서 늘 들어오는 것인바 우리의 사례에서도 이것이 입증되고 있다.

마지막으로 가정불화가 자녀에게 주는 영향을 살펴보았다. 이 사례는 1장의 사례와 비슷한 것이지만 1장의 자녀의 문제가 부모의 양육방법이나 멘토링 부족에서 비롯된 것인데 비해 2장의 사례는 부부간의 불화가 자녀에게 구체적으로 어떤 영향을 주고 있는가를 보여주고 있다. 이 사례를 통해 우리는 부부가 자신들은 차지하고 자녀들을 위해서라도 지속적으로 불화해서는 안 된다는 교훈을 얻게 된다.

'자식을 위해 이혼을 할 수 없다'는 것이 과거 우리 부모들의 생각이었다. 그러나 우리의 사례는 부부갈등이 심각하고 지속적인 경우에 오히려 부부가 이혼하는 것이 자녀에게 도움이 된다는 것을 시사한다. 부모를 토막살해한 이O석의 경우가 그렇고 일류대학을 중도에 포기하고 교도소에도 다녀왔던 모 대학생 S(이 책의 제1장을 볼 것)의 경우도 마찬가지다.

3
가정이란 무엇인가

결혼생활 유형

가정파탄 그리고 이혼

부모 자녀관계

형제와 자매간의 관계

3

가정이란 무엇인가

앞의 두 장에서는 자식들과 부부들이 겪는 여러 가지 어려움과 갈등을 사례중심으로 살펴보았다. 이 사례를 통해 우리는 각 가족구성원이 겪는 문제가 무엇인지를 짚어볼 수 있었다. 물론 이 사례가 우리나라의 전체 가정을 대표하는 것은 아니다. 갈등을 겪고 있는 일부 가정의 모습이다.

이 가족구성원이 겪는 문제는 보다 더 큰 테두리에서 해부할 필요가 있다. 즉 가정의 존재이유가 무엇이고 가정이 어떤 특징을 가졌고 각 가족구성원들은 어떤 역할을 해야 하는가를 검토할 필요가 있다.

이 장에서는 위에 제시한 문제를 다루어 보기로 하자. 이를 위해서 먼저 가정이란 무엇이고 부부관계란 어떤 것인가를 논의해보자. 그리고 가족구성원간의 관계 예컨대 형제와 자매관계는 심리학적으로 어떤 관계인가를 보다 자세히게 검토해 보기로 하자. 아울러 가족구성원들 각자의 역할에 관해 논의해 보자. 1, 2장에서 다룬 문제를 심리학적인 측면에서 분석해 보자는 것이 제3장의 목적이다.

인간이 만든 여러 가지 우수한 제도 즉 정치제도, 법체제, 각종 사회제도, 그리고 산업제도 중에서 가족 또는 가정이 제일 우수한 제도다. 가곡 '홈 스위트 홈'에서 나오는 가사를 음미해 보자.

'즐거운 곳에선 날 오라 하여도 내 쉴 곳은 작은 집 내 집뿐이지.
내 나라 내 기쁨 길이 쉴 곳도 꽃피고 새 우는 집 내 집뿐이지'.

집은 우리에게 평안과 즐거움을 제공한다. 하루 일과가 아무리 힘들었어도 나를 반기는 식구와 가정이 있기 때문에 나는 피곤을 잊고 집으로 달려간다.

그런데 위의 가곡의 가사가 말하듯 가정은 비단 한 개인만의 행복처가 아니다. 국민과 나라의 행복과 평화가 바로 가정에서부터 출발한다. 가화만사성(家和萬事成)이니 가정을 잘 다스려야 국가도 잘 다스릴 수 있다는 말은 가정의 중요성을 가장 잘 나타내고 있는 명구(名句)다.

가정이 왜 중요한가? 그곳에는 보살핌, 용서, 사랑, 신뢰, 희생 등 인간이 지닌 가장 아름다운 이타성(利他性)이 발휘되는 곳이기 때문이다. 더불어 가정이란 훈육과 교육이 이루어지는 곳인바 한 인간의 인격체가 바로 가정교육을 통해 완성된다.

가정에서는 자식이 부모로부터 온전한 보호와 도움을 받는다. 그러나 부모도 자식을 낳고 기르면서 보상을 받는다. 젖먹이가 옹알이를 하고 부모를 알아보고 방실방실 웃을 때 부모의 육아의 어려움은 말끔히

가신다. 자식 때문에 부부관계가 더욱 돈독해진다. 오랜 결혼생활을 하다 보면 부부간에 권태기가 따라오기 마련이다. 그런데 자식은 권태기를 희석시켜준다. 남편이 미워서 아내가 당장 이혼하고 싶지만 눈 속에 넣어도 아프지 않은 자식 때문에 이혼을 포기한다. 자식이 커서 성공하고 출세하면 부모의 위신도 덩달아 높아진다. 동네 노인정을 가 보아라. 자식 자랑으로 주름진 노인의 얼굴에 웃음꽃이 만발한다.

동물심리학자들이 관찰한 바에 따르면 침팬지, 오랑우탕, 사자, 곰, 코끼리, 고래들도 인간과 마찬가지로 가족을 형성한다. 즉 한 쌍의 암수가 있고 그들로부터 태어난 새끼가 한 가족을 이루어 공동생활을 한다. 그러나 동물이 가족 생활하는 것은 코끼리를 제외하면 상당히 짧다. 길어보았자 2~3년 동안이다. 새끼가 2~3년 동안 성장하면 곧 가족을 떠나 혼자 생활해야 한다. 그리고 남은 생애동안 더 이상 자기 가족과 조우하는 일이 없다.

그런 동물에 비하면 인간의 가족과의 공동생활은 영원하다. 부모는 자식이 태어나 대학을 다닐 때까지 보살펴 준다. 자식이 결혼해도 인연을 끊지 않는다. 평생 동안 서로 접촉하고 의지해 한 평생을 같이 산다.

위에서 지적한 것처럼 가정이란 인간이 남에게 베푸는 가장 훌륭한 이타적 행동이 발휘되는 곳이다. 단 가정이 제대로 기능할 때만 그렇다. 가정이 순기능(順機能)을 발휘하지 못한다면 오히려 가정은 없으니만 못한 곳이 된다. 가족이 서로 미워하고 갈등하면 그 효과는 엄청나다. 즉 가정에서 갖는 갈등은 우리가 다른 조직에서 갖는 갈등에 비해 그 악 영향력이 막강하다. 왜 그런가? 그 이유는 다음과 같다. 우리는 여러 조직에 소속해 있어 친구집단, 학교, 직장에서 한 일원으로 생활한다. 그런데 그 조직에서 인간관계적 갈등을 경험하기 쉽다. 즉 친구와 사이가 틀어지고 학교에서 왕따를 당하며 직장에서 동료와 불화가 생긴다. 그런데 이런 조직에서의 불화는 우리가 가정에서 가지는 가족 간에 갈등에 비하면 아무것도 아니다. 왜 그런가? 우리가 친구와 틈이 생기면 친구를 회피하면 된다. 학교에서 왕따를 당해도 3~4년이면 그 학교를 졸업하니 문제가 없다. 직장에서의 갈등은 좀 문제가 심각하다. 왜냐하면 직장에서는 동료가 미워도 그들과 쉽게 헤어질 수 없기 때문이다. 그러나 직장에서 갖는 인간관계적 스트레스도 가정에 비하면 아주 사소한 것이다. 왜냐하면 직장은 자리 이동이 있기 때문이다. 그래서 사이가 나쁜 직장동료와 언젠가는 결별할 수 있다. 그러나 가정에서는 그럴 수가 없다. 한 평생을 가족과 같이 살아야 하기 때문이다.

우리가 살아가면서 겪는 가장 큰 인간관계적 스트레스는 가족 간의 갈등이다. 부부가 불화하면 아주 난처해진다. 꼴 보기 싫은 사람과 한 지붕에서 살을 맞대고 살아야 하고 같이 밥을 먹고 같이 TV를 봐야 하고 같이 잠을 자야 한다. 부모-자녀 간의 갈등도 마찬가지다. 자녀가 어리면 자녀는 경제적으로 독립할 수 있을 때까지 어쩔 수 없이 부모와 수 십년 간을 같이 살아야 한다.

그래서 가족 또는 가정이 우리의 행복, 안락, 평안의 원천이기도 하지만 만일 가정이 역기능을 한다면 그 가정은 우리에게 생지옥으로 다가온다.

가정에서 부부관계가 제일 중요하다. 부부가 화목하면 그 가정은 순

기능을 한다. 그래서 자식들이 육체적으로나 심리적으로 건강하게 성장한다. 반대로 부부가 불화하면 그 가정은 파괴된다. 부부관계가 최악으로 치달아 이혼하면 당사자는 물론 자녀까지도 큰 스트레스를 받는다. 이혼한 자녀들은 하루아침에 누군가가 자기가 덥고 있는 푸근한 담요를 가로채가는 느낌을 받는다. 그들은 부모 중 누구 편을 들어야할지 난감하고 부모문제를 자신들이 해결할 수 없다는 무력감 때문에 우울증에 빠진다.

이 장의 첫 화두로 결혼생활에 어떤 유형이 있는지를 고찰할 것이다. 결혼생활 유형이란 부부가 서로 어떤 방식으로 부부생활을 하는가의 그 방식을 말한다. 다음 부부관계가 파탄나는 이혼문제를 살펴보기로 하자. '머리가 파뿌리가 되도록 평생을 동고동락하자'고 주례 앞에서 굳게 맹세하던 부부가 왜 목소리를 높혀 싸우고 폭력을 휘두르며 드디어 이혼하는지 그 이유를 한 번 살펴보자. 심리학자들이 연구한 이혼의 사유를 살펴보고 이를 저자가 실제로 상담한 결과 즉 1, 2장의 것과 비교해 보자.

결혼생활 유형

위에서 말한 것처럼 결혼생활 유형이란 부부가 어떤 식으로 부부생활을 하는가 하는 방식을 말한다. 독자들은 부부관계에서 어떤 유형이 존재하는가 하고 반문할 것이다. 즉 부부관계란 부부가 서로 사랑하고 자식을 낳고 늙어가는 것이지 이에 어떤 유형이 있을 수 있는가 라고 생각할 것이다. 그러나 부부관계의 유형이 존재하기 마련이다. 그 사유는 다음과 같다.

사람이 둘 이상 만나면 서로 각자 해야 할 역할이 생긴다. 더불어 우리 각자는 상대방이 어떤 역할을 해주기를 기대한다. 예컨대 남편은 부인이 자기를 사랑하고 살림을 알뜰히 하며 애를 잘 키우기를 바란다. 한편 부인은 남편이 바람을 피우지 않기를, 돈을 잘 벌어 오고 집에 일찍 일찍 들어오고 자기를 사랑해 주기를 바란다. 또 부부가 인연을 맺으면 새로운 가족이 생기는데 남자에게는 처가 식구가, 그리고 부인에게는 시집식구가 생긴다. 부부에게는 새로 생긴 가족과도 화목하게 지내야 하는 역할과 이 역할과 관련해 서로 상대방에게 기대하는 역할기대가 생긴다. 그런데 부부 각자가 실제로 행하는 역할의 내용과 그 방법은 부부마다 서로 다르다. 그래서 우리가 이를 토대로 부부관계의 유형을 구분할 수 있다.

역할문제뿐만 아니라 부부생활을 하다보면 서로 같이 상의하고 협조해야 할 일이 산적한다. 예컨대 가계를 꾸려가는 방법, 가사를 분담하는 일, 아이를 낳고 기르는 방법, 기타 세상을 살아가는 목적과 목표 등이다. 그런데 이런 여러 가지 문제를 해결할 때 그 해결하는 방법이 부부마다 서로 다르다. 어떤 부부는 서로 대화하고 토론하는 방식으로 이 문제를 푸는가 하면 어떤 부부는 남편 또는 아내가 독재적으로 혼자 결정한다. 이렇게 부부가 같이 해결해야 할 문제를 푸는 방식에서도 부부간에 차이가 나는데 이 때문에 부부관계의 유형이 발생한다.

어떤 배우자가 부부가 할 일을 독재방식으로 결정하는데 배우자가 이를 수용한다면 부부간의 갈등은 생기지 않는다. 그러나 배우자가 이를 거부하면 부부관계는 긴장하고 갈등하게 된다. 그래서 부부간의 문제해결방식 역시 부부관계의 갈등을 초래하는 중요한 요인이다.

이렇게 결혼생활은 부부가 각자 하는 역할의 내용과 방법, 그리고 부부가 문제를 해결해 나가는 방법을 토대로 해서 몇 가지 유형으로 나눌 수 있다. 미국의 심리학자 쿠버와 하로프(Cuber & Harroff, 1965)가 미국가정을 대상으로 연구한 바에 따르면 결혼생활유형은 크게 네 가지로 나눌 수 있었다. 첫째는 활력적 결혼(Vital marriage)생활인데 부부가 서로 친구와 같은 동반자적 의식을 갖고 많은 시간을 같이 보냈다. 즉 부부가 서로 친구처럼 여러 가지 사회활동은 물론 취미행동도 같이 했다. 어떻게 보면 친구와 같은 부부다. 그러면서도 활력적 결혼에서는 부부가 서로를 독립적인 인격체로 간주하여 서로가 배우자의 독자적인 활동을 간섭하지 않고 많이 지원했다.

두 번째 유형은 절대적 결혼(Total marriage)인데 그 수는 그렇게 많지는 않지만 서로 상대방의 인생이나 취미에 깊이 관여하고 대부분의 시간을 서로 같이 보내고 서로가 상대방을 위해서 사는 것이다. 절대적 유형이 활력적 결혼과 다른 것은 절대적 결혼은 부부가 일심동체가 되는 것이다. 반면 활력적 결혼은 부부가 상호 존중하고 원만한 가정을 위해 노력하면서도 각자를 하나의 중요한 인격체로 간주해 그의 개인적 활동을 존중해 주는 것이다. 활력적 결혼이 제일 바람직한 유형이지만 절대적 결혼도 나쁜 것은 아니다. 그 이유는 부부가 한 마음 한 뜻으로 행동하는 소위 잉꼬부부이기 때문이다.

세 번째 유형인 비활력적 결혼(Devitalized marriage)은 아주 보편적인 것으로 결혼생활이 편리하기 때문에 그럭저럭 살아가는 부부들이다. 부부는 격렬한 사랑으로부터 시작하고 결혼생활이 지상천국이라는 강렬한 희망을 갖고 출발한다. 그러나 해가 거듭할수록 부부는 서로 멀어진다. 그렇지만 헤어지지 않고 그럭저럭 서로 같이 산다. 이 부부들은 상대방에 관해서 깊게 관여하지도 않는다. 이들이 이혼하지 않고 그대로 사는 이유는 결혼이 서로 도움을 주고 편리하기 때문이다. 이들 부부는 서로가 책임을 나누어 맡고 이에 충실 한다. 부부의 관심과 취미가 서로 달라 각자 자기 취미생활을 하고 서로 간섭하지 않는다. 이들은 신혼생활 때와 같이 서로 깊이 사랑하고 관여하지 않는다. 다만 편리하므로 그들의 결혼생활을 그럭저럭 유지하고 있을 뿐이다.

네 번째 유형은 갈등이 습관화된 결혼(Conflict-habituated marriage)이다. 이 유형의 부부는 대부분의 시간을 싸우는데 소비한다. 항상 서로를 비난하고 싸우는데 재미있는 것은 그럼에도 불구하고 이들이 이혼하지 않고 그대로 결혼을 지속한다는 점이다. 부부는 싸움을 이혼의 사유로 보지 않는다. 싸움이 오히려 그들 부부를 하나로 묶어주고 있다.

다른 심리학자 코마로브스키(Komarovsky, 1964)는 노동자계층의 부부생활을 연구했는데 쿠버와 하로프와 비슷한 유형을 발견했다. 즉 노동자계층에서도 네 가지 결혼유형이 발견되었다. 그런데 재미있게도 그 결혼유형의 분포가 중류층의 경우와 판이하게 달랐다. 코마로브스키가 조사한 노동자 계층 부부는 거의 모두 비활력적 결혼생활을 하고 있었다. 즉 이들은 결혼을 실리적인 안배로 간주하여 부부란 서로 다른 요구와 취미를 갖는다고 생각했다. 여자란 남편보다는 자기의 여자 친구, 여자 친척과 더 다정해야한다고 생각했다. 그리고 남자란 자기 아내보다 남자 친구와 남자 친척과 가까워야 한다고 믿었다. 남편의 임무란 밥벌이를 하는 것이고 아내의 역할은 가사를 돌보고 어머니 역할을 하는 것으로 간주했다. 그리고 이런 역할을 잘 하는 부부는 서로 만족했다.

그러나 노동자계층에서도 활력적인 결혼생활을 하는 부부가 더러 있었다. 코마로브스키는 쿠버와 하로프와 마찬가지로 활력적인 부부생활을 하는 부부는 그 어느 부부보다 교육수준이 높고 수입도 많다는 사실을 발견했다. 결국 부부관계 유형은 사회경제적 지위와 깊은 상관이 있다는 사실이 두 서양학자의 연구에서 밝혀졌다. 한국도 그런 경향이 있는지는 연구한 사실이 없기 때문에 잘 알 수가 없다.

쿠버와 하로프 그리고 코마로브스키는 이혼가정이 아닌 정상 가정을 연구한 것이다. 그러면 이제 왜 백년가약을 했던 부부들이 그 서약을 깨고 이혼을 할까? 다음에는 파탄 난 가정을 살펴보기로 하자.

가정파탄 그리고 이혼

조선시대의 부부 이혼율은 아마 세계에서 최소였을 것이다. 당시 남편이 칠거지악(七去之惡)을 들어 부인을 쫓아 낼 수는 있었지만 부부가 합의이혼이든 강제이혼이든 이혼을 하는 경우는 아주 드물었기 때문이다. 그러나 지금은 어떤가? 그간 한국의 이혼률이 세계에서 제일 가파르게 증가하여 현재 OECD국가 중에서 한국의 이혼률이 제일 높다. 부부관계의 해체가 급속히 이루어지고 있는 셈이다. 그간 한국의 이혼율은 1997년 외환위기를 겪으면서 급속도로 증가했는데 그 직접적 원인은 경제파탄난 가정이 늘어났기 때문이다. 그러나 경제위기를 슬기롭게 넘긴 이후에도 이혼률이 계속 늘어나고 있다. 이 현상은 어떻게 설명할 수 있는가?

최근 한국을 방문한 미국의 유명한 이혼문제 심리학 전문가 가트맨(스탠포드 석좌교수)은 한국의 높은 이혼률은 한국이 지난 60년간 경제성장을 이룩했기 때문이라고 주장한다. 왜 경제성장을 하면 이혼률이 높아질까? 한 가지 이유는 여성의 취업이 늘어나고 경제적 능력을 갖기 때문이다. 경제성장전에는 취업은 남성의 전유물이었다. 취업시장이 협소해 여자들이 파고 들어갈 여지가 없었기 때문이다. 여자는 집에서 가사를 책임지고 어린 애를 키우는 것이 주부의 역할로 간주되었다. 혹 여자가 취업하더라도 결혼한 후 가정으로 돌아가는 것을 당연하게 생각했다. 그러나 경제성장 이후 한국 여성의 이런 전업주부역할은 상당히 퇴색했다. 특히 여성이 전문직 종사자라면 그 여성은 결혼한 후 그리고 자녀를 낳은 후라도 직장으로 복귀했고 사회도 이를 긍정적으로 바라보았다.

여성이 경제적 능력이 있으면 어떤 일이 발생하는가? 남편과 이혼을 해도 먹고살아갈 수 있기 때문에 이혼을 두려워할 필요가 없다. 과거에는 이혼하고 싶어도 여성이 이혼하면 취업하기가 힘들어 생계에 위협을 받았다. 그래서 이혼하고 싶어도 이를 참을 수밖에 없었다.

최근 중산층 이상의 가정에서 이혼이 급증하고 있는데 그 이유는 이혼하게 되면 부인이 남편 재산의 반을 위자료로 받을 수 있게 되었기 때문이다. 한때 일본에서 황혼이혼이 유행했다. 황혼이혼이란 황혼기에 접어든 부인들이 남편이 퇴직을 해 퇴직금을 받으면 이혼하는 것을 말한다. 이혼을 하면서 그 부인은 남편 퇴직금을 위자료로 받아낸다. 왜 일본에서 황혼이혼이 유행했었는가? 남편이 독재적으로 군림하고 여러모로 성격차이가 있어 이혼하고 싶어도 부인들이 자식과 사회의 눈초리 때문에 이혼을 감행하시 못했다. 그런데 이제 자식을 다 키웠고 또 남편에게 청구할 위자료가 생겼기 때문에 미루었던 이혼을 실천하는 것이다. 앞으로 우리나라에서도 일본에서 유행했던 황혼이혼이 활발하게 진행될 가능성이 많다.

결혼 후 언제 이혼이 제일 많이 발생하는가? 가트맨은 첫 아이를 낳은 후라고 주장한다. 그는 첫 아이를 낳은 후 부부가 아이 양육문제로 스트레스를 많이 받게 되는데 그것이 이혼의 도화선이 된다고 주장한다. 한국의 가정법원에서 15년간 이혼조정 역을 담당했던 김영희씨도 모 방송국에 출연했을 때 이 시기가 이혼율이 제일 높다고 증언했다. 그런데 이혼 사유에 관해 그녀는 가트맨과는 다르게 설명한다. 첫 아이를 낳은 후 부부가 방사를 자주 하지 않기 때문이라는 것이다. 특히 그녀는 부인이 첫 아이를 낳은 후 방사를 탐탁하게 생각하지 않고 거절하는 경우가 많아 남편이 성에 대해 관심을 잃고 술에 탐닉하게 되기 때문이라고 해석한다. 가트맨과 김영희씨의 해석은 약간 서로 다르지만 그 시기에 의견의 일치를 보인다는 점에서 우리의 관심을 끈다.

앞에서 부부관계의 유형이 그들의 사회경제적 지위에 따라 다르다는 것을 알았다. 그런데 부부가 이혼하는 이유도 사회경제적 지위에 따라 서로 다르다는 것이 밝혀졌다(Levinger, 1966). 저소득층의 부부들은 남편의 경제적 무능, 신체폭력 또는 음주 등을 호소하는데 비해, 중류층의 경우는 정서적인 학대 또는 성격상의 불화 등을 열거했다. 저자가 상담한 많은 부부 사례에서도 이런 경향이 나타났다. 즉 앞의 2장에서 저소득층 부인들이 남편의 신체적 학대, 음주, 경제적 무능 때문에 저자와 상담을 많이 하였다.

부모 자녀관계

이 절에서는 부모와 자녀 간에 역할과 그로 인해 발생하는 심리적 문제를 살펴보기로 한다. 부모-자녀간의 관계에서 제일 중요한 것은 각자의 역할이다. 부모는 부모노릇을 제대로 해야 하고 이는 자녀도 마찬가지다. 만일 각자가 서로 기대하는 역할을 재대로 수행한다면 둘 간의 문제는 없다. 예컨대 부모가 자녀를 잘 돌봐주고 사랑해주고 자녀의 멘토 역할을 한다면 부모의 역할을 잘 하는 것이다. 자녀의 역할은 무엇인가? 연령대에 따라 다르지만 학교에 다닐 때는 한눈 팔지 않고 공부를 열심히 하는 것이다. 그리고 부모를 사랑하고 존경하는 것이다.

만일 부모와 자녀가 상대방이 기대하는 역할을 제대로 이행하지 않으면 둘 간의 관계는 긴장되고 갈등을 일으킨다. 예컨대 부모들은 자녀가 부모에게 복종하고 효도하기를 바란다. 반대로 자녀들은 효도라는 것은 전근대적 사고로 간주하고 부모가 자기를 한 성인으로 간주해 주기를 바란다. 이런 역할기대에서 부모–자녀 간에 견해차이가 생기면 둘 간의 갈등의 골이 깊어지기 마련이다. 다음 절에서는 이런 문제를 다루기로 한다.

효도 그간 한국은 유교가 지배하는 사회였다. 유교의 가장 중요한 가르침은 효사상인데 자식이 부모에게 효도해야 한다는 내용이다. 조신시대에 으뜸가는 효사는 나라에서 상을 내리고 효자가 죽으면 공덕비를 세울 정도로 효도를 칭송했다. 그래서 조선사회에서 자식의 부모에 대한 효도는 의무이자 당연한 것으로 여겨져 왔다.

그렇다고 모든 부모가 자식으로부터 효도를 받아왔던 것은 아니다. 옛날 우리가 지극히 궁핍하던 시절에 고려장이란 것이 있었다. 고려장이란 가난한 가정에서 부모가 나이가 많아 예컨대 7~80세가 되면 자식이 살아있는 부모를 산에 버리는 풍습을 말한다. 보릿고개가 잦은 가난한 농촌가정에서 노동력을 상실한 부모를 계속 모시는 것은 자식에게나 부모 당사자에게 너무 난감한 일이었다. 그래서 굶기를 밥 먹듯 하는 집에서 먹는 입을 줄이기 위해 부모를 고려장 지낼 수밖에 없었다. 부모가 미워서 또는 귀찮아 고려장을 지내는 것은 절대 아니었다. 가족에게 절대 부족한 식량을 해결하기 위한 고육지책이었다. 따라서 고려장을 당하는 부모가 자식을 원망하거나 분노하지 않았다. 가난한 자신의 신세를 한탄할 뿐이었다.

그런데 오늘날 경제선진국이라는 한국에서 고려장을 당하는 부모가 더러 있다. 치매에 걸렸거나 망령이 난 부모를 자식이 놀이공원에 데리고 가 놀다가 버리고 슬그머니 사라진다. 먹일 것이 없어 부모를 내다 버리는 것이 아니다. 병에 걸린 부모를 수발하기 지겹고 힘들기 때문이다. 물론 현대판 고려장이 만연한 것은 아니다. 일부 몰지각한 자식들이 이런 파렴치한 행동을 한다. 이를 막기 위해서는 외국처럼 치매환자나 경제적으로 어려운 노인들은 나라에서 돌봐주는 복지제도가 우리나라에서 폭넓게 전개되어야 한다.

현대 한국에서 많은 자녀들이 부모에게 더 이상 효를 하지 않는다는 사실이 밝혀지고 있다. 그 증거 중의 하나가 한국이 OECD 국가 중에서 자살 증가률이 세계에서 제일 높은데 그것도 노인자살률이 제일 높다. 노인 자살률이 높은 근본원인은 늙은 부모가 자식으로부터 버림받고 그래서 경제적으로 궁핍한 생활을 하기 때문이다.

저자는 십여 년 전부터 서울 서대문구 무악동에서 독거노인을 대상으로 봉사활동을 전개해오고 있다. 10여 평짜리 임대 아파트에 혼자 사는 노인들이 소위 독거노인들로서 그 수가 상당히 많다. 이들은 나이가 많아 운신을 잘 못하고 그래서 혼자 목욕을 할 수 없다. 그런 독거노인을 위해 연세대 자원봉사학생들이 일주일에 한 번씩 인근 공동목욕탕에 가 같이 목욕을 한다. 남자 대학생은 할아버지를, 여대생은 할머니를 목욕시켜준다. 그런데 여기서 재미있는 사실은 독거노인들 중 상당수가 사실은 홀몸이 아니라는 것이다. 자식들이 있지만 자식들이 부모를 모시지 않고 아파트에 방을 얻어주고 혼자 살게 한 가짜 독거노인들인 것이다. 가끔 자식들이 찾아오는 경우가 있지만 가족이 방문하지 않은 경우가 더 많아 독거노인들은 외롭게 살아간다. 독거노인들의 자녀가 부모를 모시지 않는 이유는 부부가 맞벌이를 하거나 부모가 병들어 수발하기 어렵기 때문이다.

비록 빈곤층만 부모를 모시지 않는 것은 아니다. 현재 한국의 전 사회계층에서 자식들이 부모를 모시는 경우는 점차 줄어들고 있다. 중산층 가정에서도 늙은 부모가 자식과 같이 사는 경우가 드물다. 부모도 그렇고 자식들도 그렇고 서로 따로 사는 것을 선호한다. 최근 서울시가 1955년~1963년에 태어난(현재 56세~48세) 소위 '베이비붐 세대' 8,993명을 대상으로 조사한 '서울서베이'에서 응답자의 84.6%가 '노후에 자녀와 따로 살고 싶다'고 응답했다. '같이 살겠다'는 응답자는 15.4%에 불과했다. 반면 같은 질문에 65세 이상 노인은 22.1%가 '자녀와 같이 살고 싶다'고 응답했다(동아일보, 2010년 4월 29일 자 메트로 판).

앞으로 신체가 부자유할 정도로 나이가 많아지면 중산층의 부모들은 양로원이나 실버타운을 찾을 것이다. 나이 많은 부모가 자식과 떨어져 혼자 살거나 양로원이나 실버타운에서 산다는 것은 조선시대의 가치관으로서는 도저히 용납될 수 없는 일이다.

그러나 이제는 부모가 자식으로부터 효도를 기대할 수 없는 상황이 되어버렸다. 더 나아가 부모는 늙어 자식에게 짐이 되지 않을 각오를 하고 있다. 부모가 자식을 낳은 것은 늙은 후 의지하기 위해서가 아니라 키우는 재미라는 서구식의 자녀관이 이제 한국 중류층 가정에 폭 넓게 확산되고 있다. 부모의 이런 자녀관에 대한 변화는 어쩌면 당연하고 옳은 것이다. 서구의 개인주의, 핵가족화, 그리고 민주적 자녀양육방법이 한국에 널리 입수됨에 따라 한국에서 부모가 자녀에게 일방적으로 효도를 강요하거나 늙은 후 봉양을 기대할 수 없는 상황이 되어버렸기 때문이다.

그러나 여기서 우리가 눈여겨 볼 것이 하나 있다. 그것은 자녀와는 달리 한국 부모는 자녀양육에 관한 한 전통적 가치관을 그대로 견지하고 있다는 사실이다. 그것을 설명하려면 좀 이야기가 길어진다.

외국의 자녀가 부모에게 효도하지 않은 데에는 몇 가지 이유가 있다. 첫째는 부모가 자신을 희생하면서 자식을 교육시키지 않기 때문이다. 즉 부모가 빚을 내는 등 자신의 경제적 능력을 초월해 자녀에게 고액과외며 외국유학을 시키지는 않는다. 그러나 한국부모는 다르다. 서울 중하류층의 어머니들이 자식의 고액과외를 위해 남의 집 가사도우미를 한다는 이야기가 자주 들린다. 가사도우미를 하지 않더라도 가계비의 다른 항목을 줄여 자녀의 학원비에 충당하는 가정이 많은 것은 사실이다.

미국에서는 고등학교까지 무상 교육이다. 고등학교를 졸업하고 대학을 가더라도 중류층출신의 경우 대학생이 스스로 학비를 번다. 따라서 대부분의 미국 부모는 자녀의 학비 때문에 자신을 희생할 필요가 없다. 그러다보니 미국 자녀들은 부모에게 효도를 할 의무감을 느끼지 않는다. 독일을 비롯한 스칸디나비아반도의 국가들은 대학까지 무상교육이다.

그러나 위에서 잠깐 언급했지만 한국은 서구 부모와는 다르다. 중류층 부모가 자녀를 조기 유학 보내고 힘에 부치는 고액과외를 시킨다. 좋은 대학에 입학하지 않으면 자식의 장래가 그만큼 보장받을 수 없기 때문이기도 하지만 워낙 자녀교육에 지극정성이다. 자녀를 조기에 해외 교육시키느라 기러기 아빠가 생기고 가계부가 적자가 나는 것은 한국 가정뿐이다. 아직 한국 부모는 자녀를 자기 분신처럼 생각하고 희생을 마다하지 않는 전근대적 자녀관을 그대로 견지하고 있다.

그런데 한국 부모들이 자녀 교육에만 올 인하는 것이 아니다. 그들은 자녀의 결혼비용은 물론 자녀가 결혼 후 기거할 집까지 마련해 주고 있다. 그래서 한국 부모들은 자식 치다꺼리가 끝나면 늙어 빈 털털이가 되기 마련이다. 부모가 노후에 자식의 손길을 기다리지만 자식들은 나 몰라라 한다. 따라서 한국 부모가 늙어 추해지지 않으려면 자식들에게 너무 올 인해서는 안 된다. 그리고 자녀관을 바꾸어야 하는데 서구식의 자녀관을 가져야한다. 그러나 문제는 앞에서 지적한 것처럼 한국의 자녀들은 전통적 가족관에서 탈피해 더 이상 부모에게 효도를 해야 한다고 생각하지 않는다. 그래서 한국의 부모와 자녀 간에 서로 갈등이 생긴다. 즉 서로가 상대방에게 기대하는 역할간의 갈등이다. 이제 한국 부모도 서구 부모처럼 더 이상 자기를 희생해 가며 능력이상으로 자식을 교육시킬 필요가 없다. 미국 부모처럼 어느 정도 선을 그어야 한다.

한국 자녀들도 서구 자녀들처럼 18세 이상이 되면 부모 곁을 떠나 경제적으로 독립해야 한다. 그렇지 않고 지금처럼 부모에게 장기간 경제적 의존을 지속한다면 당연히 그들은 늙은 부모를 책임져야 한다. 한국의 자녀들은 자기 의무는 도외시하고 부모의 의무만을 강조하는 잘못된 가치관을 지니고 있다.

형제와 자매간의 관계

요즘에는 신혼부부가 자녀를 아예 낳지 않는 경우가 있다. 자식을 낳아도 우리 부모처럼 6~10명의 자식을 낳지 않고 기껏해야 2명이고 한 명만 낳는 경우도 많다. 그래서 우리 기성세대처럼 형제와 자매 수가 많지 않다.

나는 팔남매 속에서 자랐다. 우리 집은 아들이 넷, 딸 역시 네 명이다. 나는 팔 남매 중에서 출생순위로 따지면 가운데에 속한다. 그래서 누나도 있고 형도 있으며 아울러 남동생, 여동생이 모두 있다. 나의 친구들 중에는 자기는 누나가 없네, 여동생이 있었으면, 형이나 동생이 하나 있었으면 하는 친구가 있는데 그럴 때마다 나는 행복하다는 생각을 한다.

형제자매들이 많으면 좋은 점이 많다. 우선 부모로부터 배울 수 없는 것을 형제자매들이 가르쳐 준다. 예컨대 어떻게 공부를 해야 할지, 친구는 누구를 사귈 것인지, 어떻게 옷을 입고 누구의 노래를 좋아할지 등에 관해서는 부모보다는 형제자매로부터 배우는 것이 더 많다. 나는 노래를 아주 좋아한다. 듣기도 좋아하지만 부르기도 좋아한다. 그런데 내가 노래를 좋아하게 된 것은 누나나 형으로부터 배운 바가 많다. 누나들은 내가 초등학교 저학년이었을 때 이미 중고등학생이어서 학교에서 배운 노래를 집에서 부르는 때가 많았다. 그러면 나는 귀동냥을 해서 학교에 들어가기 전에 이미 가곡과 팝송을 많이 부를 수 있었다. 대학에 들어가서는 형이 서양음악 특히 오페라, 가곡 등을 자주 귀담아 듣고 해설을 해 주어 나도 그 쪽 분야에 취미가 생겼다.

형제자매가 많아 부모님이 키우시느라고 고생이 많으셨지만 형제간에 우의가 도타와 우리는 행복했다. 같이 싸우기도 많이 했지만 형제자매가 늘 제일 친한 친구였다. 이는 늙어서도 마찬가지다. 모두 환갑을 넘은 나이지만 팔남매가 한 달에 한 번씩 모여 회식을 하고 노래방에 가서 노래를 즐긴다. 나의 친구들은 우리 형제자매들이 다정하게 지내는 것을 보고 부러워한다. 적지 않은 친구들이 자랄 때부터 자주 싸우고 서로 시기하며 성장했다고 한다. 어려서 형제자매들이 가깝게 지냈다가도 아버지가 돌아가시고 나면 유산문제로 형제자매간에 싸움을 하는 경우를 자주 본다. 또 계수, 형수, 올케, 시누이 사이가 좋지 않아 형제자매관계도 서먹서먹해지는 경우도 적지 않다. 그런데 우리는 아버님이 남겨주신 유산이 별로 없어 그것 때문에 형제자매가 싸울 필요가 없었고 며누리, 사위들이 좋은 사람이 들어와 분쟁이 없다. 남의 식구가 들어와 우리 식구와 친하게 지내는 데에는 무엇보다 평소 형제자매들간에 우애가 두터웠기 때문이다.

형제자매가 많고 서로 화목하면 도움이 되고 또 서로 많은 의지가 된다. 형제자매 중 어려운 일이 생기면 서로 도움의 손을 아끼지 않는다. 또 집안에 큰 일이 생기면 예컨대 부모님의 진갑, 희수잔치라던가 상사(喪事), 혼사가 생기면 형제자매들이 모두 발벗고 나서 대사를 무난히 치룰 수 있다.

그러나 형제자매가 서로 화목하지 않고 서로 원수지간이 되는 경우가 있다. 형제자매간에는 흔히 눈에 보이지 않는 시기, 질투, 라이벌 의식이 싹튼다. 그 근본원인은 어렸을 때 형제자매들은 부모의 사랑을 독차지하기 위해 서로 경쟁하기 때문이다. 아버지나 어머니는 한 분이고 형제자매들은 여럿이다. 그 때문에 실상 부모가 자식들에게 골고루 사랑을 나누어주기가 어렵다. 부모들은 흔히 첫째로 난 자식을 좋아하기 마련이다. 그렇게 되는 이유는 첫째 애를 낳고 제일 기뻤고 또 첫째에게 제일 많이 애정을 쏟았기 때문이다. 그 다음 태어난 둘째도 귀엽기는 하지만 역시 첫째 애를 낳았을 때의 감격에는 미치지 못한다. 그리고 인간이란 한 사람에게 이미 애정을 쏟은 후에는 똑같은 분량의 애정을 다른 사람에게 기울이기가 쉽지 않다. 그래서 부모들은 흔히 첫째는 끔찍이 여기지만 그 이하의 자식은 덜 끔찍이 여기는 경향이 있다. 그러다 보니 형제자매들은 기를 쓰고 부모로부터 사랑을 독차지하려 애쓰고 그런 가운데서 형재자매 간에 시기, 질투, 라이벌의식, 그리고 알륵이 발생하게 된다.

우리나라는 조선시대부터 유교의 영향이 막강했고 유교는 전통적으로 효, 가계계승, 조상숭배, 가문번성 등을 강조했는데 이런 가운데 딸보다는 아들을 더 중요시하는 풍조가 싹텄다. 즉 딸은 출가외인이고 아들만이 가계를 계승하고 가문을 빛내는데 역할을 하는 존재로 간주했다. 그 결과 한국인 대부분은 남아선호사상이 깊었다. 지금은 남아 선호사상 못지않게 여아선호사상도 생겨났지만 과거 우리 전통 사회에서 남아선호와 남아존중사상이 강했다. 그러다보니 부모가 자식을 기를 때 딸보다는 아들을 더 소중히 여기는 경우가 허다했다. 딸은 머리가 똑똑해도 고등교육을 시키지 않는 반면 아들은 무리를 해서라도 대학에 보내려고 무진 애를 썼다. 우리나라의 유명한 여성법조인 고 이태영 변호사는 자기가 어떻게 고시에 합격하고 법조인이 되었는가를 회고한 적이 있다. 그녀에게는 오빠가 하나 있었는데 자기는 공부를 열심히 한 반면 오빠는 그렇지 않았다. 매일 아침 아버지가 자기와 오빠의 방에 들어와 등잔불의 기름을 갈아주곤 하셨다. 그런데 자기 방의 등잔은 늘 기름이 바닥났다. 자기가 밤늦게까지 공부를 한 탓이다. 그런데 오빠의 등잔은 늘 기름이 그대로 남아 있었는데 오빠가 공부를 등한히 하고 일찍 잠을 잤기 때문이다. 그 대조적인 현상을 보고 자기 아버지가 한숨을 짓곤 하셨다. 그녀는 아버지의 한숨 짓는 모습을 보고 더 의지가 불타올랐다고 한다. 아버지가 자기가 공부를 열심히 하는 것을 칭찬하지 않고 안타까운 눈초리로 바라보는 것을 보고 반발심이 싹텄다. 자기는 다른 여자처럼 시집이나 가 애만 낳고 살지 않을 것이라고 굳게 결심을 했는데 그 원인은 아버지의 남아선호사상 때문이었다는 것이다.

부모가 자식을 편애하면 미움을 받은 자녀의 마음속에 상처가 남는다. 그래서 부모는 자식을 사랑할 때 굉장히 조심해야 한다. 부모는 자기가 모든 자식을 다 똑같이 사랑한다고 생각하지만 실제 나타나는 행동은 달라 편애를 보이기 쉽다. 물론 부모도 사람인지라 자기 마음에 드는 자식이 있고 들지 않는 자식이 있을 수 있다. 부모가 하라는 대로 잘 따르고 공부도 잘하는 자식은 그만큼 정이 가지만 자식이 말을 잘 안 듣고 공부도 열심히 하지 않으면 그런 자식은 미워지기 마련이다.

그러나 우리나라 속담대로 '미운 자식 떡 하나 더 주기'를 해야 한다. 그 이유는 미움을 받는 자식은 부모를 평생 원망하고 잘못하면 비뚜로 성장하기 십상이기 때문이다. 그러나 말은 쉽지만 "미운 자식 떡하나 더 주기"를 실천하는 것은 그리 쉬운 일이 아니다.

부모로부터 미움을 받은 자식은 남을 사랑하지 못하고 미워한다. 사랑은 사랑을 받은 사람만이 할 수 있기 때문이다. 부모의 사랑을 받지 못한 자식은 더 나아가 자존심이 상하고 그 결과 우울증에 빠진다. 부모가 다른 형제자매를 사랑하고 자기를 미워한다고 생각하면 나는 바보고 문제가 있다 라고 자책을 하게 되어 자신감이 줄어들고 다른 사람과의 접촉을 피하게 된다. 이런 결과는 많은 심리학자들이 연구한 결과 밝혀진 사실이다. 그리고 저자의 여러 상담사례에서도 발견할 수 있다.

부모가 자신이 자식을 편애하는지를 인식하기는 어렵다. 사람들은 자기의 잘못은 애써 외면하려 하기 때문이다. 그러나 배우자는 상대방이 자식을 편애하는가를 인식하고 있다. 그러므로 부모 각자는 자기 배우자에게 자신의 자식편애 여부를 문의해 보아야 한다. 더 좋은 방법은 자식에게 스스로 자신의 편애 여부를 물어보는 것이 좋다. 특히 자기를 미워한다고 생각하는 자식에게 부모는 자기가 어떻게 자식을 편애하는지 그 구체적 사실을 확인할 필요가 있다. 보통 자식은 부모의 편애사실을 잘 지적하지 않으려하지만 부모가 시간을 내어 조용한 곳에서 솔직히 자식에게 물어보면 자식은 부모가 편애하는지의 여부를 정확하게 지적해 준다.

형제간의 마찰 형제들이 부모의 사랑을 독차지 하려고 서로 경쟁을 하면 형제간에 마찰이 생기고 갈등이 깊어진다. 그런데 형제간의 마찰을 유도하는 보다 더 결정적인 요인이 있다. 그것은 앞에서 말한 바와 같이 부모의 유산과 같은 금전적인 문제가 개입되었을 때이다. 돈은 정말 더러운 것이어서 부모-자식 간도 갈라놓을 수 있다. 우리는 매스컴을 통해 대기업의 회장과 그 자식간의 그리고 자식들간의 부모유산을 놓고 벌이는 싸움을 적지 않게 본다. 그런데 금전적인 싸움 못지 않게 갈등을 몰고오는 또 다른 요인이 있다. 그것은 권력의 계승문제이다. 먼저 권력 계승문제와 관련된 형제간의 마찰을 뒤적여보자.

우리는 태조 이성계가 모반을 일으켜 고려를 멸망시키고 조선시대를 연 새 시대의 군주임을 잘 알고 있다. 그러나 그는 아들들의 왕권쟁탈전 때문에 학질을 앓은 군주이기도 했다. 태조는 신의왕후 한 씨로 부터 방우, 방과, 방원 등 6형제를 낳았고 계비 신덕왕후 강 씨 사이에 방번과 방석을 두었다. 태조는 총애하던 계비 강씨의 소생 방석을 세자로 책봉하였다. 그 결과 원자인 한 씨 소생의 왕자들로부터 큰 반발을 샀다. 드디어 방원이 같은 배의 형제들과 단합하여 방석과 그의 형 방번을 살해하는 제1차 왕자의 난을 일으켰다. 1차 형제의 난을 일으킨 후 본래 방원 자신이 세자로 책봉받기를 바랬지만 세간의 눈치 때문에 방원은 방과를 세자로 책봉하였다(정종). 그러나 정종이 후손이 없자 방원과 방간 사이에 갈등이 생겨나고 무력이 우세한 방원이 방간 무리를 물리쳐 드디어 자신이 세자로 책봉되었다. 이것이 제2차 왕자의 난이다. 곧 방원은 정종으로부터 왕위를 물려받아 태종으로 등극했다. 왕자들의 난으로 심사가 뒤틀린 태조는 아들에게 항의하는 뜻으로 함흥으로 내려가 그곳에서 칩거했다. 방원이 아버지에게 돌아올 것을 간청하는 사자를 여러 번 보냈다. 그러나 아들 방원에 대한 적개심을 풀지 못한 태조는 사자가 올 때 마다 그 분풀이로 사자의 목을 베었다. 그래서 함흥차사(咸興差使)라는 고어가 생겨났는데 이 말은 길을 떠났던 어떤 사람이 소식이 끊겨 감감 무소식일 때 그 상황을 지칭하는 것이다.

형제간의 권력다툼은 비록 왕자들에게서만 있는 것은 아니다. 대기업에서 회장 자리나 주력 기업을 유산 받고자 형제들 간의 내홍이 있기 마련이다. 특히 첫째 아들과 그 이하 아들간의 분쟁이 자주 일어나는데 그 원인은 이 태조의 경우와 비슷하다. 즉 애비가 장자계승을 마다하고 자기 마음에 드는 아들에게 권력을 이양하기 때문에 분란이 생긴다. 비단 기업체에서만 왕자의 난이 생기는 것은 아니다. 학교법인의 주권을 쟁탈하기 위해 사립학교 재단이사 사이에서도 혹간 싸움이 벌어진다. 형제 또는 자매들이 학교를 장악하기 위해 분란을 일으키는 것이다.

금전적인 문제로 형제들이 다투는 것은 비단 대기업의 경우만이 아니다. 중류층의 가정에서도 비일비재하다. 변호사들이 민사소송으로 제일 많이 수임하는 소송건은 형제 또는 자매간에서 부모의 유산을 놓고 벌이는 소송이다. 평소 우애가 깊었던 형제자매라 하더라도 부모가 확실하게 유언을 하지 않거나 자식에게 유산상속을 너무 편파적으로 한 경우 자식들 간의 유산상속 소송이 발생한다.

과거 유산상속으로 인한 법정투쟁은 그리 많지 않았지만 최근에 이르러 크게 증가하고 있다. 그 한 이유는 부모가 특별히 유언을 하지 않고 사망한 경우 재산을 유족 각자에게 거의 균등하게 상속하는 것을 원칙으로 하는 가족법이 제정되었기 때문이다. 따라서 부모가 자식 중 어떤 한 자식을 총애하여 그에게 많은 재산을 상속하는 특별 유언을 한 경우라도 소외받은 나머지 자식들이 법원에 소송을 제기하는 일이 허다하다.

우리나라에서 대부분의 부자들이 자식에게 유산상속을 한다. 그러나 외국에서는 많은 재벌들이 자식에게는 먹고 살만큼만 유산을 상속하고 모든 재산을 사회에 환원하는 경우가 많다. 자식에게 많은 유산을 상속하는 섯은 득이 되기보다는 독이 된다. 유산상속자는 쉽게 돈이 굴러들어왔기 때문에 스스로 돈을 벌려는 투지가 약화된다.

부자가 아닌 중류층의 부모들도 자식들에게 유산을 남겨주고자 안간힘을 쓴다. 더러 부모들이 증여세를 포탈하기 위해 여러 가지 편법을 써 자식들에게 일찍부터 주식이나 부동산 등으로 유산상속을 하는 경우가 있다. 부모로부터 일찍 많은 유산을 상속받은 자식들은 곧 다니던 회사를 내팽겨치거나 분에 넘치는 생활을 해 오히려 유산상속 받았을 때보다 더 경제적으로 어려워지는 경우가 생긴다.

요즘 은퇴한 친구들로부터 자식들에게 일찍 유산상속을 하는 바보짓을 하지 말라는 충고를 자주 듣는다. 유산을 상속받으면 자식들이 부모에게 더 살갑게 대할 줄 알았는데 정 반대라는 것이다. 부모가 돈을 쥐고 있으면 유산상속을 많이 받으려 부모에게 더 효도를 하지만 일단 유산상속을 하고 나 부모가 돈이 없다는 것을 알게 되면 자식이 더 이상 부모를 찾아보지 않는다.

우리나라에서도 미국의 거부들이 유산을 사회에 환원하는 것처럼 유산을 자식보다 사회에 기부하는 풍토가 조성되어야할 것이다. 이것은 자기 자식을 위한 길이 된다. 또 그렇게 되면 부자에 대한 우리 사회의 태도도 많이 달라질 것이다. 우리나라에서 유한양행의 창업자인 고 유일한 사장이 자식에게 일전 한 푼 유산상속하지 않고 이를 모두 회사에 기부했다. 유일한 사장은 자식들에게 너희들은 잘 돌봐 주고 필요한 공부를 다 시켰으니 이제 나에게 기대지 말고 너희 스스로 살아나가라는 당부를 했다. 그리고 그의 전 재산을 사회에 기부했다. 저자는 유한양행에 재직한 제자로부터 고 유일한 사장의 자녀가 검소하게 사는 것을 보고 큰 감명을 받았다는 이야기를 전해 들었다. 유일한 사장의 행동이야말로 정말로 우리가 귀감 받아야 할 거룩한 처사가 아닐 수 없다.

자매간의 싸움 여자들은 남자들에 비해 친화성이 높다. 그래서 여자 형제들 간에 부모의 사랑이나 재산, 권력 등을 놓고 싸우는 경우가 남자형제들보다는 적다. 또 과거 시집간 딸은 출가외인으로 취급해 유산상속의 자격이 박탈되었고 권력의 계승도 아들에게만 주어졌다. 그래서 자매들 간에서 유산이나 권력 문제로 갈등이 생기는 경우는 드물었다. 그러나 전혀 없는 것은 아니다. 우리나라 모 대기업회장은 아들보다 딸을 더 많이 낳았는데 회사의 사장자리와 유산상속을 놓고 딸 간의 싸움이 치열했다.

영국 왕 헨리 8세는 영국이 대대로 로마 교황청의 간섭을 받아오는 것 예컨대 왕의 등극이나 왕비책봉에 교황청에 허락을 받아야하는 것을 과감히 물리친 혁명적인 군주였다. 헨리 8세는 로마 천주교의 영향을 물리치고 영국의 기독교를 국교로 만든 강인하고 능력 있는 왕이었다. 애초에 헨리 8세는 불란서 왕실과 정략적인 결혼을 했다. 영국과 불란서가 서로 동맹하여 리베리아 반도를 통치하기 위해서였다. 그러나 불란서 출신의 왕비가 아들을 낳지 못하자 후계자를 잇는다는 명목으로 영국 귀족출신의 여자들과 놀아나기 시작한다. 영국의 유명한 가문인 블린가가 가문의 세력을 키우기 위해 자매인 메리와 앤을 입궁시켜 왕의 시녀로 만들었다. 그리고 딸들이 왕비자리를 노리게 조종했다. 메리가 먼저 입궁해 왕의 정부가 되었고 이윽고 임신했다. 그러나 딸을 낳았기 때문에 헨리 8세는 불란서 출신의 왕비를 폐위하고 메리를 왕비로 앉힐 수가 없었다. 그 사이 언니인 앤이 입궁해 왕을 유혹하고 왕을 설득해 왕비를 쫓아내고 자신이 왕비가 되었다. 앤은 그녀의 동생인 메리도 질투해 궁에서 쫓아낸다. 그러나 앤도 왕자를 출산하지는 못했다. 거기다 불란서 출신의 왕비를 폐위시킨데 대한 책임을 물어 헨리 8세로부터 화형을 당한다.

메리와 앤은 서로 자매간으로서 왕의 눈에 들기 위해 서로 협력도 했지만 결국에는 서로 질투하고 싸우는 사이가 되었다. 메리와 앤 자매간의 싸움은 여자 형제에게서도 권력이 개입되면 서로 죽이고 살리는 골육상쟁을 벌린다는 사실을 보여준다.

4

한국 가정의 변화

4

한국 가정의 변화

앞의 제3장에서 부부의 유형을 살펴보았다. 그리고 어떤 부부유형이 좋은가도 검토해 보았다. 그러나 그곳에서 제시한 유형은 너무 피상적이고 막연한 감이 든다. 그리고 우리 문화권이 아닌 서구문화권에서 가려낸 것이기 때문에 우리의 실정과는 거리가 멀 것이다. 예컨대 우리나라는 옛날부터 부인은 가정을 지키고 남편은 밖에 나가 일하는 것으로 역할을 규정했다. 그러나 미국의 경우는 어느 사회경제계층을 막론하고 부부들이 모두 맞벌이하고 있다. 부인이 전업주부인가 아니면 직장여성인가에 따라 부부의 관계유형이 많이 달라진다. 예컨대 부부가 맞벌이를 하면 자연 상대방의 자아실현을 허용하는 '활력적 부부관계'(3장을 참조할 것)가 형성된다. 반면 여성이 전업주부인 경우 여성은 가사를 맡고 남편은 직장에만 몰두하는 부부관계 즉 '비활력적 부부관계 유형'이 형성된다. 더불어 아내가 직장에 나가면 가정경제권을 남편과 공유하게 되고 아내의 가정에서의 발언권도 그만큼 강해진다.

또 한국사회와 경제가 급변한 것처럼 덩달아 한국의 가정도 크게 변화해 왔다. 예컨대 아버지가 과거 가부장으로서의 확고한 권위를 독점해 왔지만 지금은 그의 권위가 약화되거나 실추되었다. 앞에서 자식으로부터 매맞고 자식으로부터 고발당하는 사례를 우리가 보았다. 아버지의 전유물이었던 가정경제권도 아버지로부터 어머니로 넘어간 가정이 상당히 많다. 이 장에서는 우리 가정이 어떻게 변해 왔는가도 함께 검토하기로 한다.

한국은 그동안 유교가 지배하는 나라였다. 그래서 유교의 전통이 그대로 남아있어 아직도 부창부수(夫唱婦隨)와 같은 남자를 중심으로 한 부부역할이 그대로 강조되고 있다. 물론 이런 고리타분한 남성위주의 가부장(家父長)역할에 강력히 저항하는 신세대가 등장하고 있는 것도 사실이다. 그래서 요즘 젊은 부부들의 결혼생활을 들여다보면 기성세대와는 전혀 다른 모습이다. 예컨대 남편이 설거지, 청소도 하고 시장도 봐오며 빨래도 하고 애기도 돌봐준다. 즉 전에 부인의 임무라고 생각하던 가사 일에 남편이 적극 협조한다. 그러나 아직 구태의연한 가부장적 권위를 내세우고 전근대적 부부역할을 고수하려는 신세대도 적지 않다. 그런 사람은 부모 즉 구세대로부터 영향을 받고 자라왔기 때문이다. 즉 자기의 부모가 어떤 식으로 부부역할을 해 왔는지를 보고 배웠는데 그것을 그대로 자신의 결혼생활에 적용하는 것이다. 이런 가정에서는 부부간의 갈등이 불거지기 쉽다.

어떻게 보면 아직 한국은 한옥과 아파트가 그대로 공존하는 것처럼 부부의 역할에 있어서도 전근대적인 요소와 현대적 요소가 그대로 상존하고 있는 것 같다. 그래서 어쩌면 부부간에 갈등이 다른 어느 나라에서보다 더 심각할 수 있다. 예컨대 여자들은 신세대의 부부역할을 강력히 주장하는 반면 남자들은 이를 반대할 것이다. 이렇게 갈등과 모순이 뒤섞인 한국적 상황에서는 앞에 말한 바와 같은 서구식의 부부관계유형이 잘 들어맞지 않을 것이다.

이 장에서는 한국문화에서 흔히 관찰될 수 있는 부부관계유형이 무엇인가를 살펴보기로 한다. 그런데 앞에서 지적한 바와 같이 부부관계유형은 사회경제적 지위에 따라 많이 다르다. 앞의 2장에서 저자는 상담사례를 통해 한국 저소득층 가정의 부부간의 갈등을 고찰하였다. 이 사례는 부부간의 관계유형이 무엇인가를 지적하기보다는 부부간의 문제나 갈등의 원인을 지적한 것이다. 그러나 이 두 주제가 전혀 무관하지는 않다. 왜냐하면 부부간의 갈등은 바로 부부간의 역할갈등이나 잘못된 부부관계유형에서 비롯되기 때문이다. 정리한다면 간접적인 방법이기는 하지만 우리는 2장을 통해 한국 저소득층 부부의 관계유형이 어떤 모습인가를 대충 살펴볼 수 있었다. 그러나 이 장에서는 한국 중산층의 부부관계의 유형과 부부간의 갈등문제를 다루어보고자 한다. 필자가 면담한 중류층 가정은 많지가 않다. 그래서 이 장의 내용은 면담조사가 아닌 저자를 포함한 저자의 친구 및 주변인물들의 가정을 관찰한 결과로 꾸며졌다.

저자가 살펴보고자 하는 중류층 가정의 커다란 문제는 다섯 가지인바 그것은 다음과 같다. (1) 가정경제권, (2) 자녀의 교육, (3) 음주문제, (4) 혼외정사, (5) 남성우월주의.

가정경제권 1970년대 초였다. 저자는 당시 한국행동과학연구소에서 근무했었다. 이 때 연구소에서 '부모의 자녀관'(Value of Children)에 관한 국제 공동연구를 진행하였다. 미국 하와이대학의 퍼셋(Fawcett) 박사가 우리 연구소와 공동으로 연구를 진행했다. 연구를 위해 퍼셋 박사는 부인을 대동하고 내한했는데 부인은 미국 변호사였다. 연구소에서 저자와 같이 일했던 김정오 연구원이 그 박사 부부의 국내 관광을 안내해 주었다. 김정오 연구원이 부부를 경주에 안내하고 돌아와서는 저자에게 아주 재미있는 사실을 들려주었다. 그것은 부인이 경주의 선물 센터에 들러 물건을 사는데 불과 몇 만 원하는 선물을 사면서 남편에게 동의를 구하더라는 것이다. 저자도 이 사실을 듣고 좀 놀랐는데 왜냐하면 사실 봉급수준으로 따지면 부인의 수입이 남편보다 훨씬 더 많았기 때문이다. 남편은 연구소 봉급쟁이인 반면 부인은 변호사이기 때문이다. 그럼에도 불구하고 부인이 조그마한 선물을 사면서 남편의 동의를 구하다니! 그래서 김 연구원이 놀랬고 나도 마찬가지였다. 한국의 경우라면 어떠했을까? 돈을 더 많이 벌어오는 부인뿐 아니라 직업을 갖지 않은 전업주부라고 했어도 조그마한 선물을 사는데 남편의 동의를 구하지는 않았을 것이다. 그러나 이 부부는 우리와 다르게 행동했다.

사실 퍼셋 부부만 그런 것이 아니다. 미국 중산층의 경우 대개 가정경제권은 남편이 갖고 있다. 즉 부부의 공동수입을 남편이 관리하는 것이다. 왜 그런가? 남편이 부인보다 경제상식이 더 많고 돈을 관리하는데 더 능력이 있다고 생각하기 때문이다. 그러나 한국의 중산층의 경우는 어떤가? 내가 알고 있는 주위의 대부분의 경우 아내가 가정경제권을 쥐고 흔들고 있다. 남편의 월급이 통장으로 자동입금되면서부터 이런 현상이 더욱 두드러졌다.

가정의 경제권을 누가 쥐느냐는 사실 가정의 권력이 누구에게 있는가를 시사한다. 옛날 한국의 양반들은 글공부에만 바빴고 돈을 만지는 것은 선비가 할 짓이 아니라고 생각했다. 돈을 중하게 여기면서 한편 돈을 더럽다고 생각했다. 그래서 직업의 귀천을 사농공상(士農工商)으로 매겼다. 즉 돈을 만지는 장사꾼을 최하위 직업으로 간주했다. 차재호에 따르면 조선시대에 경제하류층이나 빈곤한 양반집의 경우 경제권은 부인이 가졌다. 그 이유는 남편이 돈을 벌려하지 않고 또 돈 버는 능력도 없었기 때문이다. 그러다보니 유교가 강한 조선시대라 하더라도 중하류층에서는 부인의 가정권한이 막강했다는 것이다.

한국 부인이 고분고분한 반면 남편은 가부장의 권위를 갖고 부인에게 군림한다는 것은 옛날 조선시대의 중류와 상류 양반계급에서나 볼 수 있는 광경이다. 하류층이나 빈곤한 양반가문에서는 여자의 실질적인 힘이 강했는데 그 원인은 가정경제권을 여자가 쥐고 있었기 때문이다.

월급이 봉투가 아닌 은행통장에 자동입금하면서부터 현재 많은 한국 남편들의 가정경제권이 박탈당했다. 그리고 부인으로부터 용돈을 타내는 신세로 전락했다. 부인이 주는 용돈에 의지하다보니 가정에서 남편과 아버지의 위신과 권한이 그만큼 줄어들었다.

1990년대 김대중 정권이 경기를 부양시키기 위해 신용카드를 남발하였다. 그래서 남편이나 아내나 각자 신용카드를 사용하게 됨에 따라 이제 돈의 관리를 누가하는 것인지가 불분명하게 되었다. 왜냐하면 부부가 각자 신용카드를 갖고 있어 이를 긁으면 되기 때문이다. 그러나 신용카드 사회에서도 남편의 가정경제권은 역시 박탈당하기 쉽다. 그 이유는 매달 신용카드지불 청구서가 집으로 날라 오기 때문이다. 청구서를 통해 부인은 남편이 쓴 카드의 내역과 그 사용총액을 한 눈에 파악할 수 있다. 만일 남편이 부인이 허용하는 용돈수준을 초과하여 카드를 긁는다면 부인으로부터 온갖 추궁과 비난을 각오해야 한다.

매달매달 사용하는 용돈문제뿐만 아니라 전체 가정경제 운용권을 부인이 갖는 경우가 적지 않다. 그렇게 된 원인은 또 다른 데 있다. 지난 반세기 동안 우리나라에서 여러 가지 투자방법 중 가장 수익률이 높았던 것은 예금이나 주식이 아니고 바로 부동산 투자였다. 우리나라 부동산은 경제개발과 더불어 몇 년 간의 간격을 두고 몇 배 이상 올랐다. 그래서 아파트나, 토지 등 부동산에 투자한 사람은 그만큼 재산을 불려나갈 수 있었다. 그런데 부동산 투자는 요지경이어서 아무도 그 투자 바람을 예측할 수 없다. 그리고 재미있는 사실은 우리나라의 부동산 시장은 경제 원리를 벗어나는 식으로 상승한다. 즉 우리나라 부동산 투자 열기는 부동산의 수급원칙에 따라 달리지기도 하지만 국민들의 군중심리가 크게 작용한다. 그런데 이런 군중심리를 가장 잘 파악하는 것은 바로 주부들이다. 주부들이 복덕방에 들락날락하면서 부동산 가격의 움직임을 예의 주시하고 투기바람을 예측하기 때문이다. 남편들은 직장 일에 바빠 부동산에 관한 정보가 부족하다. 부동산에 관한 군중심리가 어떻게 돌아가는지도 알 길이 없다. 그러다보니 자연 부동산 투자를 부인들이 맡게 되었다.

저자도 부동산 투자와 관련해 황당한 경험을 한 바 있다. 저자는 1987년 여름부터 일 년 동안 미국에서 안식년을 보내게 되었다. 그런데 당시 저자가 살고 있던 강남의 아파트는 아파트 청약 저축을 하여 청약자격을 얻고 응찰하여 산 것이다. 그런데 아파트 청약자가 너무 많아 높은 프레미엄을 얹어주고 살 수밖에 없었다. 총 경비가 약 1억 원 들었다. 그래서 입주한 후면 아파트 값이 많이 상승할 줄 알았는데 사정은 달랐다. 1985년에 입주하여 3년이 지났는데 아파트 값은 제자리 걸음이었다. 즉 아파트 값이 내가 산값에서 그대로 정체해 있었다. 그런데 당시 예금금리는 잘 기억이 나지 않았지만 꽤 높은 수준이었다. 집을 팔고 그 돈을 은행에 집어넣고 이자를 받는 것이 더 현명할 것 같았다. 그래서 아내와 상의해 집을 팔고 1년 후 귀국해 다시 사자는데 합의를 보았다. 그 해 초여름에 집을 내어놓았고 드디어 집을 1억 2천만 원에 팔았다. 복덕방비, 세금 등을 빼도 본전치기는 했기에 우리는 만족했고 돈을 은행에 넣어둘 작정이었다. 그런데 집을 팔고 난지 얼마 되지 않아 아내가 우리가 집을 팔지 말았어야하지 않았는가하고 끌탕을 하기 시작했다. 나는 당신도 좋다고 해서 팔았는데 이제 와 후회하면 어쩔 셈인가하고 화를 냈다. 아내는 한번 복덕방에 가 그간 시세가 달라졌는지 한번 알아보자고 조른다. 그런 정도라면 좋다고 말하고 둘이 동네 복덕방을 순방했다. 복덕방 주인에게 내가 지금 살고 있는 크기의 아파트로 방향이 좋은 아파트 값이 얼마나 되는가하고 물었다. 그랬더니 복덕방주인들이 한결같이 이상한 이야기를 하였다. 불과 1주일

전만 해도 1억 2천만원 정도면 골라서 아파트를 살 수 있었는데 지금은 아니라는 것이다. 갑자기 매물이 자취를 감추었다는 것이다. 그리고 아파트 값이 오를 기미가 보인다는 것이다. 그 말을 듣고 우리는 아차 잘못 집을 팔았구나 후회하면서 우리가 살고 있는 아파트의 복덕방을 찾아 매물을 구해달라고 했다. 내가 사는 아파트는 강남 중심가에서 좀 외진 곳이다. 그래서 그런지 정보가 늦다. 천만 다행하게도 내가 살고 있는 같은 아파트에서 매물이 하나 나왔는데 내가 살던 곳보다 층도 로얄층인데 값도 1억 천만 원에 나왔다. 우리는 당장 구매계약을 하자고 졸랐고 드디어 그 집을 사들였다. 좋은 층으로 이사를 하면서 아파트도 싸게 사 우리는 아주 만족했다. 더구나 이사 갈 집도 같은 건물 내라서 이사하는 수고도 그만큼 줄었다. 그리고 나서 바로 한 달 후 미국으로 건너갔다. 그런데 연말 쯤부터 서울 친구로부터 전화가 걸려오기 시작했다. 우리가 아파트 되사기를 정말 잘 했다는 것이다. 최근 아파트 값이 갑자기 급등하기 시작해 두 배나 껑충 올랐다 한다. 우리는 그 이야기를 들으면서 반신반의했다. 그 이유는 우리가 아파트를 장만하고 지난 3년간 아파트 값이 정체였는데 갑자기 몇 달 만에 2배로 상승할 이유가 없었기 때문이다. 그러나 1년 후 귀국해 사정을 알아보니 친구의 말이 사실이었다. 불과 1년 사이에 아파트 값이 두 배로 상승한 것이다. 만일 우리가 아파트를 팔고 그 돈을 은행에 저금했더라면 쪽박을 찰 뻔한 사실에 놀란 가슴을 쓸어안았다. 그래서 기분이 너무 좋아 베란다에 통판 창문을 새로 설치하고 내 서재의 유리창도 전면 통판유리로 교체했다.

저자는 직장이 연세대학교이었고 그래서 매일 1시간 이상씩 걸려 출퇴근하는 것이 지겨웠다. 저녁 늦게까지 학교서 공부하든지 아니면 테니스를 하던지 일과가 끝나고 나면 귀가하기 위해 먼 길을 나서야 할 생각에 신경질이 났다. 그 때마다 학교근처로 집을 옮겨야겠다는 생각뿐이었다. 그러나 그럴 때마다 아내는 자기는 이사를 해서 강북에서 살 수 없단다. 이유는 친구가 모두 강남에 있기 때문이라는 것이다. 그래 지난 30년간을 강남에서 그대로 머믈고 있다. 아내는 툭하면 내가 집을 팔고 강북으로 가자고 한 이야기를 되풀이한다. 당신말대로 했다면 지금 당신이 이만한 값의 부동산 주인이 될 수 있었는가하는 핀잔이다. 그 말에 나는 할 말이 없다. 그것은 맞는 말이고 나는 아내의 덕에 그래도 중산층을 유지하고 있기 때문이다.

아마 나와 같은 처지에 있는 사람이 많을 것이다. 부인이 가정경제권을 통채로 가지고 있지 않더라도 부동산운영에 대한 결정권은 부인에게 일임한 경우 말이다. 내가 아는 어느 경제학자는 가정경제권은 남편이 가져야한다는 골수분자이어서 부동산 운영도 자신이 맡아했다. 그런데 앞에서 잠깐 언급한 것처럼 한국의 부동산은 경제원칙대로 움직이는 것이 아니라 오히려 그 반대로 움직이고 있었다. 그래서 그 경제학자의 부동산 운영은 영 신통치가 않았다. 아파트를 팔지 말아야할 때 조금 이익을 보고 팔았더니 그 이후 몇 달 사이에 값이 배로 뛰었다. 그렇게 하기를 몇 번 한 끝에 이제 그 경제학자는 부인에게 가정경제권을 양도했다.

왜 저자가 이 장을 시작하면서 가정경제권부터 시작하는가? 그 이유는 경제하류층이든 중류층이든 간에 가정경제를 잘 운영하는 것이 가정을 잘 유지하는데 필수적이기 때문이다. 더 쉽게 말하면 남편이 돈을 잘 벌어오고 돈 관리를 잘 해서 식구들을 잘 먹이고 보살펴주면 그 가정은 잘 풀려나가는 것이다. 돈을 잘 벌어오고 가정경제를 윤택하게 만드는 임무는 특히 경제하류층의 남편에게서는 절대적이다. 우리가 앞의 상담사례에서 보아왔듯이 많은 경제하류층 가정의 문제는 남편의 실직, 경제적 무능력, 또는 엉망인 경제운영에 있었다. 즉 도박을 하거나 주식투자로 가정경제가 파탄났기 때문에 가정분란이 생겼다.

기실 가정경제권을 누가 갖는가하는 문제는 그리 중요하지 않다. 가장 잘 가정경제를 운영할 수 있는 사람이 맡는 것이 마땅하다. 그런 의미에서 우리나라의 경우 중류층에서 부인이 가정경제권을 갖는 것은 올바를 수 있다. 앞에서 말한 바와 같이 우리나라와 같은 경제 개발국에서는 부동산 투자가 가장 유망한 투자수단인데 그 투자는 남편보다 부인이 더 잘 할 수 있기 때문이다.

내가 아는 한국의 많은 중류층 가정에서 부인의 권한이 과거에 비해 강력해졌다. 그 원인은 부인이 부동산 투자를 솔선해 가정경제권을 확보했기 때문이다. 한국의 중류층 부인이 가정에서의 권한을 확보하게 된 또 다른 원인은 남녀 평등권 및 여성지위의 향상에 있다. 과거 조선시대에 경제하류층에서 부인이 가정경제를 도맡았어도 사실 남편의 가부장적 권위는 흔들리지 않았다. 그것은 당시 조선사회에 가부장의 지위를 공고히 하는 유교의 교리가 팽배했기 때문이다. 그러나 현재 사정은 바뀌었다. 민주주의의 도입으로 한국사회에서 남녀평등권이 널리 퍼지고 가부장의 권리도 더 이상 통용되지 않는다. 더불어 부인이 가정경제권을 휘어잡아 이제 부인이 남편보다 더 큰 영향력을 발휘하고 있다.

물론 모든 남편들이 부인에게 가정경제권을 양도한 것은 아니다. 그런 경우는 대부분의 중류층의 봉급생활자들이다. 자영업자나 기타 직업에 속한 사람들은 아직 남편이 가정경제권을 움켜쥐고 있다. 그런 경우 부인은 남편으로부터 매달 생활비를 타낸다. 그런데 이 방법에도 여러 가지가 있다. 어떤 남편은 한 달 생활비를 한 달에 한번 한 몫에 지불하고 그 사용방법은 부인에게 일임한다. 부인이 남편으로부터 월급을 받아 자기 책임 하에 가계를 꾸리는 방법이다. 이 경우 부인이 가정경제를 통째로 맡아 운영하는 경우보다는 부인이 갖는 자존심과 위신은 낮아지나 그래도 부인이 불만을 갖지 않는다. 왜냐하면 부인은 자기 의사에 따라 가계를 꾸려나가기 때문이다. 반면 어떤 남편은 주 단위나 일일 단위로 부인에게 생활비를 지급하고 이를 감사(監査)한다. 즉 생활비를 어디에 얼마큼 썼는가를 주 단위 또는 일일 단위로 남편이 감시하는데 이것은 부인에게 굉장한 스트레스를 준다.

앞의 1장에서 제시한 Y양의 아버지는 부인이 가게를 운영하는데 매일 같이 나와 하루 매상고를 감사한다. Y양의 어머니의 말을 들어보면 자기가 친정으로 돈을 빼돌릴까봐 의심을 하고 매일 가게에 나와 하루 매상고와 잔액을 계산한다고 한다. 그래서 부인은 남편을 증오하고 부부 사이가 좋지 않다.

부인들이 살림을 하다보면 남편이 주는 봉급으로 적자가 나는 경우가 있다. 갑자기 돈 쓸 일이 생기는 경우가 많기 때문이다. 친구를 만나거나 자기 신분과 품위유지를 위해 돈 쓸 일이 생기는 것이다. 이 책의 제 2장 사례에 나오는 C녀는 자녀 학교의 자모회회원들과 어울리다 보니 돈 쓸 일이 많이 생기고 남편이 한 달에 한번 씩 주는 생활비로는 모자라 카드를 긋기 시작했다. 그 결과 카드빚이 눈덩이처럼 불어나 4천 6백만 원의 빚을 지게 되었다. 남편에게 그렇게 된 경위를 설명하고 구조를 호소했지만 남편은 자기의 허락을 받지 않았다고 나무라며 부인의 빚을 갚아주지 않았다. 그리고 시집식구들에게 자기 아내가 펑펑 돈을 써서 빚이 산더미 같다고 광고를 해 아내의 가슴을 아프게 했다. 결국 그녀는 자살할 수밖에 없다고 생각하여 수면제를 다량 구입하고 때를 기다리고 있었다.

많은 중하류층 가정이 생활비를 놓고 부부싸움을 벌인다. 남편이 생활비를 적게 준다고 해 싸움이 되기보다는 생활비를 누구 책임 하에 사용하는가 하는 문제로 다툼이 많다. 부인이 알뜰하게 살림을 꾸려나가는 사람이라고 판단되면 생활비의 지출은 부인에게 그 권한을 넘기는 것이 마땅하다. 그래야만 부인이 살림의 책임을 지고 자기 소신껏 살림을 할 수 있다. 부인을 믿지 못해 세무서 직원처럼 부인의 가계부를 검사하는 남편은 부인으로부터 사랑과 존경을 받을 수 없다.

이제 반대의 경우를 생각해보자. 부인이 남편의 월급을 통장으로 입금 받아 가정경제를 부인 주도로 집행해나가는 경우 말이다. 그런 경우 대개 남편은 부인으로부터 한 달이나 주급으로 용돈을 타낸다. 물론 지금은 남편이 신용카드를 사용할 수 있으므로 현금을 타내는 것은 아니다. 그래도 부인이 남편에게 허락해준 용돈의 한계가 있고 이를 지켜야

한다는 묵계가 있다. 그런데 남편에게 피치 못할 사건이 발생해서 부인이 인가해 준 카드사용액을 초과할 경우가 있다. 그런 일이 발생하면 부부가 서로 티격태격하기 쉽다. 이 문제로 분쟁이 생기는 경우 부부가 서로 양보와 상호존중하는 것이 필요하다. 즉 부인은 남편의 신용카드 사용내역이 피치 못할 일이었다면 이를 인정해 남편의 위신을 지켜 주어야 한다. 물론 남편도 친구들과 부하에게 기분 내면서 펑펑 카드를 긁는 것은 자제해야 한다.

자녀교육 한국부모의 높은 자녀교육열은 세계적으로 유명하다. 한국은 문맹률이 낮고 고급학력자가 많아 조기에 국제 최빈국에서 신흥경제국으로 발돋움할 수 있었다. 부모가 허리띠를 졸라매고 자녀들을 열심히 공부시킨 탓이다. 그런데 오늘날 한국인의 높은 교육열은 도를 지나치는 감이 있다. 예컨대 학령 전 아동에게 영어 과외를 시키는가 하면 초중고학생들이 대학입시준비를 위해 일찍부터 여러 학원을 순방하고 있다. 그래서 자녀 교육문제가 부모가 해결해야할 가장 중요한 가정문제로 대두되고 있다.

과거 자녀의 학업문제는 부인의 몫이었다. 남편은 직장 일에 바쁘다 보니 자녀의 공부문제에 일일이 간섭할 겨를이 없었다. 관심을 갖는 남편이라 하더라도 간혹 부인에게 자녀가 공부를 잘하느냐고 건성으로 묻는 정도였다. 또 지금부터 50~60년 전에는 중고교나 대학입학경쟁이 그렇게 심각하지 않았다. 예컨대 저자가 대학에 입학한 1960년대 초만 하더라도 고등학교 3학년 때 좀 열심히 공부하면 요즘 말하는 스카이 라인(서울대, 연대, 고려대) 대학에 입학하는 것은 그리 어렵지가 않았다. 그러나 지금은 전교에서 몇 등 안에 들어도 이런 대학의 인기 학과에 입학하기가 쉽지 않다. 그러다보니 자녀가 어렸을 때부터 부모가 자녀의 학업에 신경을 쓰지 않을 수 없게 돼버렸다. 그런데 자녀 공부를 어떻게 지도해야 할까에 관해 부부간에 서로 의견의 충돌이 생기기 쉽다.

자녀교육문제와 관련해서는 경제중류층에서 부부간의 갈등이 심각하다. 상류층은 고액과외를 할 수 있는 경제적 여유가 있기 때문에 자녀의 과외문제에 관해 부부간의 갈등이 잘 생기지 않는다. 그러나 중류층이나 봉급생활자에게 있어 고액과외는 가계지출에 막대한 영향을 준다. 대충 싼 과외라 하더라도 한 과목 당 30만원이 넘는 경우가 허다하다. 그러다보니 중요한 과목 몇 개만 택하더라도 당장 가계부에 커다란 구멍이 뚫리는 것이다. 자녀의 학업성적을 꽤뚫고 있고 또 학부모들끼리도 자주 만날 기회가 있기 때문에 흔히 부인은 남편보다 자기 자식에게 과외가 절실함을 느끼기 마련이다. 그래서 무리를 해서라도 고액과외를 자녀에게 시키려 안간힘을 쓴다. 그러나 학생 간에 학업경쟁이 얼마나 치열한가를 감지하지 못하는 남편에게 고액과외는 무리한 경제적 지출로 인식 될 수밖에 없다. 그래서 부부간에 자녀교육비 문제로 갈등이 생긴다.

저자 자신도 딸과 아들의 과외문제로 아내와 의견충돌한 때가 많았다. 다행히 딸이 고등학생이었을 때 전두환 정권에서 과외를 금지시켰다. 즉 공직자 자녀가 과외를 하는 경우 문책하겠다는 정책이 수립되었다. 저자는 그것을 핑계 삼아 딸의 과외를 금지시켰다. 그러나 정부의 정책은 저자와 같이 겁이 많은 사람에게나 통했고 그렇지 않은 대부분의 학부모들은 당국의 눈초리를 피해 자녀에게 과외공부를 시켰다.

과외비 문제뿐만 아니라 어떤 식으로 자녀를 교육시킬 것인가 하는 문제로 부부간의 갈등이 생긴다. 그 대표적인 예가 아동의 조기교육문제이다. 얼마나 일찍부터 자녀에게 영어를 가르쳐야 하는가? 이 문제로 부부간에 이견이 생긴다. 많은 아버지들은 조기교육은 필요없고 자녀를 유치원에 보내고 초등학교에 들어가 학교공부를 열심히 하도록 보살피면 충분하다고 주장한다. 이런 교육관은 60~70대 기성세대들이 주로 갖는 교육관이다. 반면 신세대 주부들은 대부분 자녀가 유치원에 다니기 전부터 영어학원에서 원어민 영어공부를 받아야 한다고 주장한다. 앞에서 저자는 강남 모 학령 전 영어학원 입학경쟁 율이 심해 임산부가 산전에 아이를 학원 입학대기자 명단에 올린다는 사실을 지적한 바 있다.

초중고생의 자녀가 그런대로 공부를 잘 하면 별 문제가 없지만 공부를 못하면 부부가 자녀 성적 때문에 신경이 날카로워 진다. 오래전부터 대학에 들어가기 어렵다고 판단하는 부모들이 자녀를 조기에 외국에 유학시키는 경우가 많아졌다. 조기유학을 주장하는 사람의 말을 들어보면 일리가 있는데 자녀를 일류대학에 들어가기 위해 국내에서 들이는 경비나 외국에 유학하는 경비나 별 차이가 없다는 것이다. 오히려 자녀들이 스트레스를 받지 않고 외국에서 기를 피고 공부할 수 있다는 장점이 있다고 주장한다. 그러나 자녀의 조기 유학은 비단 경제적인 문제뿐만 아니라 부부생활에도 막대한 지장을 준다. 자녀의 조기 유학으로 '기러기 아빠'라는 가정이 생겨나는데 아내가 어린 애를 돌본답시고 외국에 나가 자녀와 같이 생활하고 남편은 한국에서 홀아비 생활을 하는 경우를 말한다. 그런데 기러기 가정은 파탄 날 가능성이 많다. 남편은 가족이 보고 싶고 자신을 돌봐 줄 아내가 없기 때문에 생의 의욕을 잃게 된다. 그래서 우울증에 빠지고 이를 이겨내기 위해 알콜에 의존하게 된다. 또 부부가 서로 살을 섞지 않으면 정이 식어지기 마련이다. 그래서 자녀와 외국에서 생활하는 주부가 바람나는 경우도 있다. 그곳 이민교포들 중 바람둥이가 기러기 가정의 주부를 표적으로 삼는다. 그래서 장기간의 '기러기 가정'은 별거와 이혼으로 진행되는 경우가 많다.

한국의 자녀 교육문제는 과거와 달리 자녀들이 스스로 알아서 열심히 공부하도록 내버려 두기에는 문제가 많다. 일류대학의 문은 좁고 입학하려는 학생은 너무 많기 때문이다. 그래서 부모들이 일찍부터 자녀가 남에게 뒤지지 않도록 지원하고 격려한다. 그리고 이 자녀교육문제도 과거처럼 부인 혼자가 담당하기에는 너무 벅차고 중대한 문제다. 부부가 자녀교육의 시기, 방법 등을 서로 상의해 결정해야 한다.

그러나 자녀교육의 기본원칙만 생각한다면 이 문제가 그리 어려운 것만은 아니다. 저자에게 상담을 요청해오는 많은 대학재학생들이 일류대학의 인기학과에 입학했음에도 불구하고 진로문제로 인해 갈등하고 또 많은 정신과적 문제를 안고 있음을 보고 나는 평소 한국 부모의 자녀교육열이 너무 과도하다고 생각하고 있었다. 즉 지금처럼 어린 학생을 여러 학원에 등록시키고 고3이 되면 잠도 못 재우고 대학입시에

내모는 것이 결코 좋은 자녀교육방법은 아니라는 생각이다. 인생은 어차피 마라톤이다. 스카이 라인대학을 졸업했다고 해서 모두 다 성공하는 것이 아니다. 일류 대학의 인기학과를 졸업한 학생이라 하더라도 반 이상이 사회에 나가 별 볼일 없는 사람으로 전락한다. 이는 하버드 대학 졸업생을 연구한 결과에서도 똑같이 나타났다.

자녀가 공부에 스스로 정진하는 경우 부모가 최대한 지원을 아끼지 말아야 한다. 자녀 스스로 공부를 열심히 하려는 의욕이 있다면 학원에 보내고 과외를 시켜줄 수 있다. 그러나 자녀가 공부에 염증을 내는데도 불구하고 위와 같은 식으로 자녀를 교육한다면 이것은 자녀에게 득이 되기 보다 실이 된다. 부모의 강요, 그리고 지나친 기대 때문에 자녀가 스트레스를 받아 정신과를 찾는 경우가 허다하기 때문이다.

자녀가 성적이 뒤처지는 경우에는 자녀가 우울해지고 자존심을 잃지 않도록 부모가 도와주어야 한다. 앞을 멀리 내다보고 천천히 꾸준히 공부하는 것이 중요하다고 일깨워 주어야 한다. 한국에서는 중고교 교육이 중요시되지만 미국이나 서구에서는 대학교육을 가장 중요시한다. 중고교에서는 운동, 취미, 봉사활동 등 여러 가지를 경험하게 하고 학생회 활동에 활발하게 참여하여 리더십을 갖추게 한다. 그런 후 대학에 입학한 후에는 공부에 열중하게 한다. 미국이나 서구에서는 꼭 공부를 더 하고 싶은 사람만 대학에 간다. 공부에 취미가 없거나 일찍부터 취업전선에 뛰어들고자 하는 청소년은 대학진학 대신 직장을 택하거나 사업을 한다. 그러나 한국은 그 반대다. 한국에서는 부모가 자녀가 초중고생일 때에는 학업성적을 올리느라고 기를 쓰지만 일단 자녀가 대학에 입학하고 나면 그만 손을 뗀다. 이제 그만큼 고생했으니 대학에 가서 푹 쉬어도 된다고 생각하기 때문이다. 그러나 이것은 잘못된 생각이다. 대학을 갔다면 공부를 죽어라고 해야 한다. 대학에서 열심히 공부하느냐가 그가 졸업 후 나갈 직업진로를 결정해 주기 때문이다. 초중고에서는 1등과 10등간에 차이가 별로 없다. 별로 내용이 없는 것을 달달 외우는 것에서 차이를 보이기 때문이다. 그러나 대학에서 1등과 10등간에는 현격한 차이가 난다. 왜냐하면 대학에서 배우는 공부는 그만큼 폭과 깊이가 크기 때문이다.

지금은 달라졌는지 모르지만 연세대 학생들의 영어실력은 대학 1학년 때가 제일 좋다. 그러나 학년이 올라 갈수록 성적이 뒤쳐진다. 왜? 대학에 입학해 술 마시기, 미팅하기, 해외여행하기 등으로 공부를 게을리 하기 때문이다. 영어단어를 다 까먹고 문장이해력도 다 망각했기 때문이다.

그래서 저자는 고등학생들 중 공부를 못해 일류대학에 진학하지 못한 학생들에게서 오히려 희망을 갖는다. 그들이 비록 일류대학에 가지 못해 2류 및 3류 대학에 갔더라도 그곳에서 본격적으로 공부를 하면 한국의 일류대학을 나오되 제대로 대학공부를 하지 않은 사람보다 월등하게 높은 실력을 갖출 수 있기 때문이다. 일류대학 입학생들 중에는 그간 과도한 입시공부 때문에 공부라면 머리를 절레절레 흔들고 더 이상 공부하지 않으려는 사람이 많다. 그런 사람들은 삼류대학을 나왔지만 이제부터 공부에 맛을 들이고 공부를 열심히 해야겠다고 결심한 사람들에 비해 현격한 실력차이를 보일 수 밖에 없다.

우리나라에서 학부모들이 자녀를 일류대학에 보내는 이유는 자녀가 좋은 대학을 나오면 공무원이 되거나 일류회사에 취업할 수 있기 때문이다. 즉 일류대학 졸업생은 취업이 잘 된다. 이것은 사실이다. 한국 대기업에서는 사원을 선발할 때 학교성적보다는 어느 대학을 나왔는가를 보다 더 중시하다. 그러나 미국에서는 이런 이유 때문에 자녀를 대학에 보내지 않는다. 미국에서는 자녀가 똑똑하면 사업을 하게 한다. 머리가 보통이면 공무원이나 회사원을 지망하게 한다. 물론 의대나 법대를 보내려고 안간힘을 쓰는 것은 동서양 부모의 공통된 심리다. 그러나 의사나 법관은 전문직이지 공무원이나 회사원은 아니다.

우리나라에서는 꼭 대학을 나와야하고 그래서 일류회사에 취업해야만 성공하는 것으로 착각한다. 미국의 스티브 잡스, 일본의 마쓰시타, 그리고 한국의 고 정주영 회장은 대학중퇴자이거나, 초등학교 출신이다. 즉 동양의 두 사업가의 학력은 고작 초졸이다. 그런대 우리나라 사람들은 자녀들이 일류대학에 다니지 못하면 부모조차 기를 못 피고 학생본인 자신은 인생이 그만 끝난 것으로 착각한다. 어떤 점에서 살펴보면 현재의 학교교육은 학생들의 창의성 발달에 저해가 되고 의욕과 패기를 죽이는 죽은 교육이다. 왜 세계적 사업가, 일류 발명가들이 제대로 된 교육을 받지 못한 사람들이 적지 않은지에 관해서 우리는 심각한 성찰을 해야 할 것이다. 따라서 초중고에서 기가 죽어있는 학생들과 학부형은 그렇게 비관적일 필요가 없다. 인생은 마라톤이므로 열심히 노력하고 패기있는 사람만이 최종적으로 승리할 수 있다.

학교공부 보다 진로를 어떻게 결정하는가가 아주 중요하다. 뒤에서 자세히 언급하겠지만 부모는 자식의 적성을 제대로 파악하고 자식과 상의해 생의 진로를 결정해야 한다. 꼭 일류 대학의 최고학과만을 고집할 필요가 없다. 자녀가 남보다 가장 잘 할 수 있는 것이 무엇인지, 스스로 자녀들이 무엇을 하고 싶은지를 살펴보아 자녀가 즐기면서 일할 수 있는 곳을 선택하고 그곳으로 정진하도록 돕는 것이 부모가 할 중요한 역할이다. 이에 관해서는 훌륭한 아버지의 역할을 논할 때보다 더 자세히 언급할 것이다.

음주 문제 경제수준을 막론하고 한국가정의 남편의 가장 큰 문제는 과음 및 알콜중독이다. 제2장에 제시했던 상담사례를 보면 많은 경제하류층 가정에서 남편의 음주문제가 심각한 것임을 알 수 있다. 상당수의 부인이 남편의 과음, 그리고 이로 인한 폭행문제를 저자에게 호소해왔다. 그런데 이 문제는 중상류층 가정에서도 마찬가지이다.

왜 한국 남자들의 음주문제가 심각한가? 한국은 집합사회이다. 집합사회란 집단의 이익과 목표를 개인의 그것보다 더 중요하게 생각하는 사회이다. 그래서 가족, 직장, 사회의 한 일원으로서 우리는 자신을 주장하기보다는 그가 속한 집단의 명령에 복종하기 마련이다. 그런 가운데 집단 구성원간의 단합과 화합이 아주 중시되고 이를 위한 단합행사를 자주 벌인다. 그리고 그런 행사에서는 늘 음주가 뒤따른다. 제사를 지낸 후에 가족들이 모여 음복을 하고 가정의 큰 행사 예컨대 결혼, 생일잔치가 벌어져도 술 파티가 늘 따른다. 한국의 직장에서는 부서의 단합을 위해 잦은 회식을 가지는데 그 때도 음주가 뒤따른다. 그런데 1차에서 끝나는 것이 아니다. 2차와 노래방이 준비되어있기 마련이다. 직장에서 술을 못하면 유능한 사원으로 인정받지 못한다. 술을 잘하면 인간관계도 잘 하고 능력이 있는 사람으로 간주된다. 그래서 한국인의 일인당 알콜섭취량이 세계에서 제일 높다. 한국에서는 알콜중독 문제를 심각하게 생각하지 않는다. 좀 술이 과한 사람으로 가볍게 넘긴다. 그러다보니 알콜중독자가 되어도 치료받거나 술을 줄일 생각을 하지 않는다.

알콜은 마약처럼 쉽게 중독된다. 그리고 알콜 중독은 마약중독과 마찬가지로 쉽게 치료되지 않는다. 그만큼 알콜의 독성이 강한 것이다. 일단 남편이 매일 술을 마시고 또 술을 마시면 정신을 잃어 친구들이 업어다 주는 경우가 잦다면 부인은 남편이 알콜 중독자라고 간주해야 한다. 알콜 중독자를 판단하는 방법은 아주 간단하다. 첫째 주변에서 술이 과다하다고 조언을 받는 사람, 둘째, 혼자서 술을 마시는 사람, 셋째, 매일 술친구를 불러내 술을 마시는 사람, 넷째. 술을 마시면 필름이 끊어져 음주 전에 있었던 일을 기억하지 못하는 사람. 이 네 가지에 모두 해당되는 사람은 심한 알콜 중독자이고 어느 한 항목에라도 해당되는 사람은 알콜 중독 초기에 해당한다.

알콜 중독자가 생기면 그 집안은 파괴된다. 왜냐하면 알콜 중독자는 집안 일에 무심하기 때문이다. 즉 매일 늦게 귀가하기 때문에 집안 식구들과 다정하게 대화를 나누지 못한다. 매일 늦게 만취되어 들어오는 남편 때문에 부인은 남편을 증오하고 부부싸움을 할 수 밖에 없다. 알콜 중독자는 부부싸움을 할 때 이성을 잃고 부인을 폭행하기 쉽다. 알콜은 이성을 마비시키기 때문에 자제력을 잃게 되고 그래서 부부싸움을 하는 경우 폭행이 뒤따르기 마련이다.

알콜 중독자가 훌륭한 남편, 자상한 아버지가 될 수 없다. 이는 그 자신에게도 치명적이다. 알콜 중독자로 판명되면 회사에서 그를 고위관리자로 임명할 수 없다. 그리고 그는 건강악화로 인생의 낙오자가 되기 마련이다. 미국이나 서구에서는 알콜 중독자를 위한 프로그램(예컨대 Anti Alcholistic Association; AAA)이 널리 유행하고 많은 사람이 이 프로그램을 이용하는 것이 이 때문이다. 그러나 우리나라에서는 이런 프로그램을 일부 정신과 병원이나 종교단체에서 운영할 뿐 널리 보급되어있지 않다. 이런 프로그램을 많이 개발하고 더불어 알콜 중독자들이 자진해서 이런 프로그램을 이수해야 한다.

남편이 술이 과한 경우 부인은 남편의 음주에 관해서 강하게 제동을 걸어야 한다. 심한 경우는 물론 치료를 받게 해야 한다. 그런데 문제는 많은 알콜 중독자들이 자신의 음주문제를 심각하게 생각하고 있지 않다는 것이다. 아직 자기가 자신의 음주를 통제할 수 있다고 믿거나 술은 사교 상 꼭 필요한 것이라고 착각하고 있다.

혼외정사(婚外情事) 이 책의 제2장에서 저소득층 가정의 가정 분란의 원인을 살펴본 결과 그 주요한 원인 중의 하나가 부부간의 혼외정사였다. 그런데 이 혼외정사는 중상류층으로 갈수록 그 빈도가 높을 것이다. 왜냐하면 바람을 피우려면 시간과 돈이 필요한데 저소득층보다는 고소득층일수록 이런 자원이 더 많기 때문이다. 또 우리나라에서는 부패 공직자, 권력기관 종사자들이 부패민원인으로부터 성 상납을 자주 받는다. 그래서 공무원들의 혼외정사가 빈번하다. 최근에는 소위 스폰서 검사들이 민간인들로부터 성 접대를 받아 우리 사회에 큰 물의를 일으켰다.

저자의 저소득층 상담사례에서 밝혀진 바로는 대개가 남편이 바람을 피웠고 여자의 경우는 단 1명뿐이었다. 그러나 고소득자의 경우는 남편 못지않게 부인의 혼외정사가 높을 것이다. 그 이유는 부인이 직장생활을 함에 따라서 많은 남자를 만날 가능성이 높으며 고소득층 부인은 남녀평등의식이 저소득층의 부인보다 더 강하기 때문이다. 그래서 남편이 바람을 피우면 부인도 맞바람을 피우겠다는 각오를 갖는다.

미국이나 서구에서 부부간의 혼외정사가 가정파탄의 주 원인이 되고 있다. 즉 미국의 경우 중상류층의 이혼원인의 대부분이 배우자의 혼외정사 때문이다. 그간 미국민의 사랑을 받고 있었던 전 미국 부통령 앨빈 고어도 마사지사와의 혼외정사로 망신살이 뻗쳤다. 여기서 먼저 혼외정사가 왜 자주 일어나는지를 살펴보기로 하자. 그 다음에 혼외정사를 방지하는 문제를 검토하기로 한다.

혼외정사는 동물세계에서도 발생한다. 가족단위로 사는 침팬지들도 가끔 다른 암컷이나 수컷과 교미하는 경우를 발견하게 된다. 인간의 경우 혼외정사는 여자보다는 남자가 더 많고 진화 사회심리학자들은 이를 진화이론으로 설명하고 있다. 버스와 슈미트(Buss & Schmitt, 1993)라는 심리학자는 남자가 혼외정사를 하는 것은 유전에 의한 것이라고 주장한다. 인간은 가능한 한 자기의 유전인자를 많이 퍼트리도록 유전되어왔다. 유전인자는 영원히 생존하려고 갖은 수단과 방법을 가리지 않기 때문이다. 따라서 유전인자로 구성된 남자는 이 유전인자의 명령에 따라 움직일 수밖에 없다. 유전인자의 유전활동은 소위 유전학자들이 '유전인자는 영원하다(Gene is forever)'고 표현할 정도로 강력하다. 인간은 사실 자기 의도에 따라 결혼을 하고 부부생활을 하며 자녀를 낳는 것처럼 보이지만 이것은 유전인자의 활동의 일부이며 인간은 유전인자의 명령에 따르는 로봇에 불과하다는 것이 유전학자의 설명이다.

물론 여성도 유전인자의 영향을 받는다. 따라서 여성도 자기의 유전인자를 후세대에 남기려고 발버둥 친다. 그런데 유전인자의 이러한 영속심리는 남녀 간에서 서로 다른 형태로 나타난다. 남자는 자기 유전인자를 많이 퍼트리기 위해서 가능한 한 많은 여자와 성관계를 갖는다. 그 이유는 자기 씨를 잉태한 여자가 많으면 많을수록 자기 유전인자가 후세대로 이어질 가능성이 높기 때문이다. 자기 씨 중 어떤 것은 열성이어서 치열한 경쟁에서 살아남지 못할 수 있다. 그렇다고 염려할 것은 없다. 씨를 워낙 많이 뿌려놓으면 그 중 어떤 것은 우성이어서 살아남기 마련이기 때문이다. 따라서 남자는 씨를 뿌릴 때 여자의 능력은 별로 따지지 않는다. 신체적 건강과 외모만 따진다.

여자의 경우는 어떤가? 남자처럼 씨를 많이 뿌리는 것은 불가능하다. 왜냐하면 자기가 씨를 잉태하여 출산해야 하기 때문이다. 여자가 임신하여 출산하려면 10개월이 소요된다. 그래서 여자가 일생동안 낳아서 기를 수 있는 자녀수는 중동의 대가족 문화에서도 최고로 20명 내외라고 한다. 그리고 자기가 애를 출산하면 이를 기르는데 장구한 시간이 걸려 예컨대 유아를 최소한 4~5년간 돌봐주어야 한다. 그렇기 때문에 여자에게는 씨를 많이 뿌리는 것이 중요한 것이 아니라 우성의 씨를 잉태하는 것이 더 중요하다. 즉 좋은 씨를 엄선해 받아 낳아야하고 잘 길러야한다. 그래서 여자들은 배우자를 선택할 때 남자의 미모보다는 남자의 능력 예컨대 지능, 경제력, 권력 등을 따진다. 즉 여자들은 남자의 미모보다는 그가 일류대학 출신인가, 좋은 직업을 가졌는가, 돈이 많은가 등등 세상을 살아나가는데 필요한 우수한 자질을 지닌 사람인가를 우선적으로 따진다.

저자는 2000년도에 연세대 대학생 289명을 대상으로 서로 선호하는 배우자감의 자질을 조사한 결과 남녀 간에 위와 같은 차이가 나타남을 발견했다(이훈구, 2005). 남학생은 여자의 미모에 우선권을 둔 반면 여대생은 남자의 지능, 학벌과 같은 능력을 배우자의 조건으로 부여했다.

남녀 간에 유전인자가 후세대로 영속하려는 전법이 다르기 때문에 남녀 간의 혼외정사비율이 달라진다. 즉 남편에 비해 여자의 혼외정사 비율은 훨씬 적다. 동서양을 막론하고 바람을 피우는 것은 늘 남편이었지 부인이 아니었다. 진화 사회심리학자가 주장하는 이러한 남녀 간의 유전인자의 전승방법의 차이는 남자의 혼외정사를 정당화하는 어거지 주장이라고 여성해방론자들로부터 공격을 받는다. 그러나 이 유전논리는 거부할 수 없는 사실이다.

그런데 현대에 이르러 남녀 간의 혼외정사는 피임방법의 개발로 색다른 양상을 보이고 있다. 과거에는 남녀 간의 성교는 임신이라는 대가를 지불해야만 했다. 그런데 임신은 남자보다 여자에게 더 악영향을 준다. 즉 임신은 혼외정사를 했다는 증거로 남게 되고 임산은 태아출산, 그리고 자식의 양육이라는 무거운 멍에를 안겨주기 마련이다. 그래서 여성의 혼외정사는 극도로 자제되어 왔다. 그러나 피임약의 개발로 여자의 임신에 대한 공포가 줄어들게 되었다. 이는 남자도 마찬가지다. 여성을 임신시키면 그 책임을 남자도 안게 된다. 그래서 과거에는 양육 능력 없는 남자에게 혼외정사는 꿈도 꿀 수 없는 욕망이었다. 그러나 피임약의 개발로 남녀 모두 성을 즐기자라는 소위 프리 섹스(Free sex) 시대가 도래하게 되었다.

프리 섹스는 비단 성인남자에게만 해당하는 것이 아니다. 오히려 서구문명에 민감한 청소년들에게 환영받는 문화이다. 저자가 조사한 바에 따르면 연세대 여학생이 자기가 처녀가 아니라고 고백한 경우가 더러 있었다(19%). 더욱 재미있는 사실은 남학생들이 자기의 배우자의 처녀성 여부를 따지지 않겠다고 조사에 응답했다. 이런 프리 섹스 풍토는 앞으로 한국사회 전 계층에 널리 펴져 결국 부부간의 혼외정사가 더 빈번해지고 이로 인한 가정파탄이 심각해질 것임을 강력하게 시사한다.

앞에서 남녀들의 혼외정사는 유전자의 장난이라는 다소 생소한 이론을 제시했지만 이를 다른 각도에서 분석하면 부부간의 혼외정사는 결혼 시에 찾에 오는 권태기, 남녀 간의 외간 남녀에 대한 호기심, 기타 부부간의 갈등 등에 그 원인이 있다. 이제 이런 원인에 관해서 살펴보기로 하자.

부부가 서로 얼마나 사랑하는지, 배우자로서의 역할과 임무를 어떻게 생각하는지, 그리고 결혼생활을 어떻게 정의(定意)하는지에 따라 부부간의 혼외정사여부가 결정된다. 더불어 부부생활에 흔히 찾아오는 권태기도 영향을 준다. 앞 장에서 미국의 이혼전문가와 한국의 이혼문제 조정가가 결혼 후 1년 즉 어린 아이가 생긴 이후 부부간의 갈등이 생기기 쉽다고 말했다. 미국 전문가는 자녀가 태어남에 따라 자녀 양육문제로 인한 부부간의 스트레스가 주원인이라고 말했다. 한국 전문가는 부인이 자녀를 출산함에 따라 성행위를 거부하고 무관심해짐에 따라 남편이 술이나 기타에 관심을 돌리기 때문이라고 말한다. 저자는 이 시기가 권태기에 해당하지 않을까 생각한다.

권태기란 부부가 항상 똑같은 사람과 똑같은 방식으로 생활하는 것에 대한 지루함이라고 정의할 수 있다. 신혼의 밀월이 끝나고 아내가 임신하고 애를 낳으면 아내는 자연 남편보다 아이에게 애정을 더 쏟게 된다. 그리고 남편의 잠자리 요구도 시큰둥하게 여긴다. 남편은 아내가 자기보다 자식을 더 사랑하고 이제는 자기에게 더 이상 신경을 쓰지 않아 섭섭하게 생각한다.

그렇게 되면 남편의 귀가 시간이 점점 늦어지게 되고 친구나 동료들과의 술자리가 잦아진다. 그러다 술집에서 여자를 사귀게 되고 이것이 반복되면 바람을 피우게 된다. 저자도 남자이니까 그런 이야기를 한다고 독자들이 항의할 수 있지만 남편의 바람은 어느 정도 아내하기 나름이다. 아내가 초혼 때와 같은 애정과 사랑을 남편에게 지속적으로 쏟는다면 남편은 절대로 외도하지 않는다.

아내가 초혼 때는 화장도 하고 예쁜 옷을 입고 남편이 귀가하기를 학수고대하다가도 결혼 후 1년이 지나면 그리고 애가 태어나면 그때부터는 아줌마로 변해버린다. 화장도 하지 않고 옷도 대충대충 입는다. 나는 주부들이 왜 외출 할 때는 정성들여 화장을 하고 좋은 옷을 입지만 집에서는 화장끼 없는 부수수한 얼굴에 허름한 옷만을 걸치는지 이해가 가지 않는다. 화장을 하고 옷을 잘 입는 이유는 남에게 좋은 인상을 주기위한 것인데 남편보다 더 소중한 사람이 세상에 어디에 있는가? 남편이니까 대충 대충해도 된다고 생각하는 것은 잘못이다. 남편은 집 안밖에서 아내가 항상 예쁘게 화장하고 고운 옷을 입기 바란다.

이 문제는 남편에게도 해당한다. 집이라고 해서 그리고 아내 앞이라고 해서 수염도 깍지 않고 후줄그레한 몰골로 지내는 것은 몰상식한 일이다. 서로 상대방에게 좋은 인상을 주고 매력을 느끼게 만드는 것이 부부가 할 임무 중 가장 중요한 임무라고 생각한다.

배우자가 상대방을 사랑하지 않고 잠자리를 거부하고 바가지를 긁으면 부부는 혼외정사를 벌일 가능성이 많다. 바람둥이가 유부녀를 유혹하는 가장 효과적인 방법은 무조건 그녀를 아름답다라고 칭찬하는 것이다. 남자들은 연애할 때나 신혼 초에는 여자에게 늘 아름답다고 칭찬한다. 그러나 신혼이 끝나고 나서는 그런 칭찬에 인색하다. 남편은 자기가 아내를 사랑하니까 그리고 이제는 자기의 배우자이니까 아내가 예쁘다고 말할 필요가 없다고 생각한다. 그래서 많은 아내들이 남편에게 실망하고 자존심이 상해 있다. 그래서 외간 남자가 자기 보고 미인이다라고 칭찬하면 깜빡 죽는다. "아직 나는 남자의 시선을 끌 만큼 아름답다"라고 생각해 자부심이 생긴다. 그래서 유부녀는 자기의 자존심을 되살려주는 바람둥이의 말 한마디에 쉽게 유혹 당한다.

배우자가 혼외정사를 벌이는 보다 더 근본적인 이유는 배우자간에 갈등이 있기 때문이다. 우리나라 속담에 '화난 김에 서방질 한다'라는 것이 있는데 이것은 맞는 말이다. 부부가 싸움을 하고 서로 증오하게 되면, 거기다 폭력까지 곁들이게 되면 부부는 상대방을 증오하고 그 분풀이로 평소에 감히 생각도 해보지 않던 엄청난 일을 저지르기 쉽다. 즉 평소에 얌전하던 양가 집 규수가 엉청난 일을 저질러 혼외정사에 빠지기 쉽다. 따라서 부부간에 갈등이 생기면 이를 재빨리 해소해야 한다. 가능하면 부부문제 상담가의 도움을 받는 것이 좋다. 갈등을 해소한다고 장기간 서로 말하지 않고 각 방을 쓰는 등 냉전을 벌이는 것은 오히려 혼외정사와 같은 심각한 문제를 야기할 수 있다. 부부간의 갈등은 조기에 박멸해야 한다.

한국남성의 문제: 남성우월주의 오랫동안 한국사회는 남성우월사회였다. 그런 남성우월주위는 가정에서도 두드러지게 나타났다. 남편이 주도권을 쥐어 가정을 꾸려나가고 여자는 남편의 말에 복종해야 한다는 생각이 가정에서 통용되었다. 현재 이런 사회풍토가 우리 가정에서 많이 개선되었지만 아직 고루한 남자들이 가부장적 권위를 그대로 행사하는 경우가 많다. 그런 경우 집안의 분위기가 어둡고 가족들은 불만에 쌓이게 된다. 가족들은 주위에 따뜻하고 자상한 아버지, 남편들이 많은데 자기 아버지, 남편만 권위주의적으로 행동하는 것을 보고 화가 나고 좌절한다.

반드시 그런 것은 아니지만 학력이 높고 중류층 집안의 가정일수록 아버지가 민주주의 방식으로 가정을 이끌어 나간다. 부인이나 자식에게 명령하기보다 가족의 의견을 존중하고 가족과 문제를 상의한다. 그러나 학력이 낮은 가장이나 저소득층가정에서는 남편 또는 아버지가 독재적인 경우가 많다. 이런 사실은 저자의 상담사례에서도 잘 나타나 있다. 즉 많은 저소득증 자녀들이 부모 특히 아버지의 폭력, 권위주의에 시달려 이를 호소해 왔다.

저자는 1950년대에 엘리자베스 테일러가 사춘기 소녀로 등장하는 '푸른 화원'이라는 영화를 시청한 적이 있다. 그 영화는 가난하고 여러 명의 딸을 가진 어느 가정의 평범한 가정사를 그린 것이다. 그런데 아버지가 아주 친구처럼 자식을 대하고 가정의 문제가 생겼을 때 서로 대화하는 것을 보고 깊은 감명을 받았다. 그 때만 해도 아직 우리나라에 미국식의 민주주의가 제대로 착상하기 전이라 가정에서 아버지가 한결같이 독재자였다. 그런데 그 영화에서 주인공들이 화기애애하게 살아가는 것을 보고 너무 충격을 받았다. 그 가정에서는 비록 경제적으로 어려웠지만 가족들이 어려움을 같이 이겨나가 집안에 항상 웃음꽃이 만발했다.

훌륭한 남편이란 아내를 사랑하고 아내를 존중해주며 가정을 잘 지켜나가는 것이다. 경제적인 능력보다도 가족을 사랑하는 마음씨가 남편에게 더 필요한 자질이다. 앞에서 언급했지만 한국이 외환위기를 겪어 길거리에 수많은 실직자들이 넘쳐나고 가정파탄이 생겼다. 그러나 경제위기의 효과는 평소 남편이 아내를 어떻게 대해왔는가에 따라 전혀 상반된 형태로 나타났다. 남편이 그간 아내를 무시하고 가정에 등한시한 경우 남편의 실직은 바로 이혼으로 직결되었다. 그러나 평소 남편이 아내를 사랑하고 가족을 아낀 경우, 남편의 실직은 오히려 가정의 단결을 더 공고히 하는 방향으로 나갔다. 그래서 평소 남편의 가정에서의 행동이 아주 중요하다.

좋은 남편, 훌륭한 아버지가 되는 지름길은 남성우월주의, 가부장의 권위를 하루 빨리 벗어버리는 것이다. 그리고 온화한 방법으로 가정을 이끌되 가족구성원의 의사를 존중하고 가족구성원을 사랑해야 한다.

남성우월주위로 가정을 꾸려왔던 남편들은 은퇴 후에 아내로부터 그리고 자식으로부터 토시구팽당한다. 직장에 다닐 때에는 남편이 돈을 벌어오니까 남편이 독재자로 군림해도 아내와 집안 식구들이 이를 인내한다. 그러나 남편이 은퇴를 하고나면 그 때부터 가족의 보복이 시작되는 것이다. 아내가 남편을 무시하고 친구 만나러 밖으로 나돈다. 그간 남편과 자식 때문에 삼갔던 동창회 모임, 교회 모임, 그리고 리크리에이션 활동에 적극 참여한다. 남편은 이제나 저제나 아내가 귀가하기를 손꼽아 기다리고 아내의 눈치를 살핀다. 더 심한 아내는 일본여성들이 하는 것처럼 황혼이혼을 선언한다. 그러므로 늙어서 아내와 자녀로부터 구박당하지 않고 대접받으려면 힘이 있을 때 가정을 민주주의 방식으로 이끌어야한다. 힘이 있다고 이를 남용하면 힘이 떨어졌을 때 보복 당한다는 사실을 한국남편들이 잊어서는 안 된다.

5

우리 가정을 복원하기

5
우리 가정을 복원하기

앞의 3장에서는 가정이란 무엇이고 가족관계란 무엇인가를 심리학적 견지에서 논의했다. 그리고 4장에서는 한국가정이 어떻게 변했는가를 조명하였는데 우리가정에서 나타나는 중요한 변화 즉 가정경제권, 자녀교육, 혼외정사, 남성우월주의 같은 것을 검토하였다.

이장은 지금까지 논의한 가정의 성격, 특징, 그리고 가정의 변화 등을 통해 가정의 중추인 부모가 어떻게 변하고 구체적으로 어떤 역할을 해야 할지를 모색하고자 한다. 그리고 마지막으로 파탄난 가정을 도와주기 위한 사회및 정부의 역할을 제시한다.

훌륭한 아버지가 되는 방법

나와 같은 기성세대에게 있어 대부분의 아버지는 두렵고, 불편하고 그리고 성가신 존재였다. 반면 어머니는 고맙고, 사랑스럽고, 불쌍한

분이었다. 그래서 우리가 큰 일이 생겨 도움이 필요하면 자기도 모르게 '아이고 어머니'라고 외친다. '아이고 아버지'라고 외치는 사람은 한 사람도 없다. 그런데 나는 고등학교 때 한 친구가 '아이고 아버지'라고 외치는 것을 들은 적이 있다. 그래서 나를 포함한 우리 반 친구들이 모두 놀랐다. 그런데 그 친구는 어떻게 되었는가? 오래전 이야기지만 친구들을 찾아다니며 물건구매를 호소하고 있었다. 단 한 사례이기 때문에 아버지가 사랑을 많이 베플면 자식이 잘못될 수 있다고 속단하기는 어렵다. 그러나 분명한 것은 아버지가 자식에게 사랑만 베푸는 것은 옳지 않다. 그 이야기부터 먼저 하기로 하자.

자녀들의 양육방법에서 가장 효과적인 방법이 무엇인가를 바움린트라는 심리학자가 연구한 결과를 보면 훈육과 사랑 이 두 가지가 아주 중요한 요소로 나타났다(이 책의 제1장 '좋은 양육방법이란'을 참조할 것). 연구결과를 살펴보면 자녀가 독립심이 강하고 자신감을 갖는 사람으로 성장하는 경우는 부모가 자녀를 사랑하는 반면 자녀가 못된 짓을 하면 따끔하게 꾸짖는 경우다. 사랑만 베플고 훈육을 하지 않으면 그 자녀는 자기 멋대로 행동하고 자제력이 없는 사람이 된다. 반면 사랑도 하지 않고 훈육도 하지 않는 경우는 자녀가 자존심이 결여되고 우울증에 걸린다.

앞에서 과거 우리 부모의 훈육방법은 '엄부자애'라고 말했는데 이는 훌륭한 자녀 양육방법이다. 아버지는 자녀에게 가르칠 것을 따끔하게 가르치는 엄한 양육자 노릇을 하고 반면 어머니는 자녀를 무조건 사랑하는 따뜻한 품의 역할을 하는 것이 이다. 그래서 자녀들이 올곧게 자랄 수 있었다. 그러나 아버지가 꼭 엄할 필요는 없다. 어머니처럼 다정다감하되 다만 가르쳐야 할 것에 대해서만 단호하면 된다. 즉 민주주의식 양육방법을 택하되 자녀가 잘못하는 경우 따끔하게 벌을 가할 필요가 있다.

멘토링 사실 자식에게 있어서 처벌도 필요하지만 가장 중요한 것은 아버지의 멘토링이다. 멘토링이란 자녀가 자아정체를 하고 진로를 정할 때 방향타 노릇을 해주는 것을 말한다. 더 구체적으로 말한다면 아버지가 자식에게 어떤 삶을 살 것인지, 어떤 분야를 공부할 것이며 어떤 직업을 가질 것인지에 관해 폭넓은 정보를 제공한다면 그는 아버지의 소임을 다하는 것이다. 그런데 대부분의 아버지는 이런 역할을 하지 못한다. 그 근본적인 이유는 사회가 너무 빨리 변해버려 아버지조차 앞으로 자식이 어떤 식의 인생을 어떻게 살아야 할지 가늠하기 어렵기 때문이다. 이런 경우 아버지는 어떻게 행동할까? 크게 두 가지 부류로 나뉜다. 한 부류는 자신의 생각을 그대로 자식에게 주입하는 것이다. 이와 관련해 내가 잘 아는 친구가 생각난다. 그의 아버지는 일제의 조선통치 때 일본에 건너가 유학을 하고 온 소위 인텔리이다. 그런데 우리가 대학에 들어갈 때 갑자기 공과대학이 유망하다는 소문이 팽배했다. 아마 박정희 대통령이 조국근대화를 외치고 기간산업을 육성할 때이기 때문에 그러한 사회분위기 조성되었을 것이다. 그런데 내 친구는 의사가 되기를 바랐다. 그 친구의 아버지는 지방 토호로서 재산이 많아 자식이 비싼 의대공부를 하는데 뒷받침을 충분히 해 줄 수 있었다. 그럼에도 불구하고 아버지는 자식의 의과대학 입학을 반대했다. 머리가 좋은 사람은 공대에 가야 한다고 자신의 소신을 자식에게 강요했다. 결국 그는 아버지의 억지를 꺾지 못하고 공대에 가 건축기사가 되었다. 건축기사는 건설현장을 따라서 동가식 서가숙하는 힘든 일부터 시작해야 한다. 그는 그런 식의 삶에 적응하지 못했고 그가 원했던 의사의 꿈을 접은 것을 못내 아쉬워했다. 의사는 우리사회에서 존경받고 돈도 잘 버는 유망한 직업이다. 그럼에도 불구하고 친구의 아버지는 엉뚱한 소신을 가지고 자식의 일생을 자기 멋대로 좌우해 한 인생을 불행하게 만들었다.

훌륭한 부모라도 좋은 멘토링을 하기는 사실 어렵다. 자식에게 진로지도를 잘 하기 위해서는 먼저 자식의 적성을 잘 파악해야 한다. 그런데 자식이 어디에 적성이 있는가를 판단하기가 무척 어렵다. 물론 자식에 따라서 어떤 자식은 예능이나 체육에 적성이 있는 것으로 나타나 부모가 쉽게 자녀의 흥미와 적성을 파악할 수 있다. 그러나 그렇지 않은 경우 학교의 학과목 성적으로 자식의 적성을 판단해야 하는데 그것이 쉽지가 않다. 예컨대 수학이나 과학을 잘하면 의대나 공대로 보낼 수 있다. 반면 국어, 역사, 사회에 취미가 있다면 인문사회과학 분야에 흥미가 있는 것이다. 그러나 같은 인문사회과학 분야라 해도 그 범위가 너무 넓다. 대학의 학과만 하더라도 어문학계, 사학, 철학, 심리, 사회, 경영, 경제, 정치, 언론 등 무수히 많다. 인문사회과학과 관련한 직업만 따지더라도 심리학자, 아나운서, 소설가, 경영학자, 판사, 검사, 회사원, 정치가, 사회사업가 등등 수없이 많다. 그래서 부모가 자식이 자아를 정립하는 데 도움을 주고 진로를 결정해 주기가 아주 힘들다. 그리고 지금은 사회가 급격히 변화한다. 컴퓨터시대에서는 과거 상상도 할 수 없는 여러 가지 직업군이 생겨났다. 예컨대 컴퓨터 프로그래머는 고전적 직업이고 최근에는 웹 디자이너, 웹 호스트, 인터넷 쇼핑, 인터넷 호스트 등 다양한 직업군이 생겨났다. 이런 초 스피드 사회에서 아버지가 할 일이란 아무것도 없다. 그런데 나의 친구 아버지처럼 자식의 인생과 직업을 스스로 결정해 주려는 우매한 사람이 아직도 적지 않다. 만일 아버지가 자식의 진로나 인생계획에 아무런 도움을 주지 못한다면 차라리 선문가에게 부탁하는 것이 좋다. 아직 우리나라에는 고등학교에 진로 전문교사가 없고 대학에도 전문 직업상담사가 드물다. 그래서 부모가 이들로부터 도움을 받기가 쉽지 않다. 그러나 심리학자들이 상당히 도움을 줄 수 있다. 우선 심리학자들은 청소년의 흥미와 적성을 진단할 수 있다. 그리고 직업세계에 대한 지식도 제공할 수 있다.

어떤 부모는 자식이 자기의 자아실현을 대리해 주기를 은근히 바란다. 예컨대 고등고시에 실패한 아버지는 자기 아들이 법대에 입학해 고등고시 합격하기를 바란다. 그래서 법학에 관심이 없고 검사나 판사라는 직업을 싫어하는 고교생이 부모의 기대에 부응하려 법대에 가는 경우가 적지 않다. 우리나라의 유명한 예능인들 중 법대 출신이 더러 있다. 그들은 진로지도를 잘못 받아 자기의 적성과 무관한 학과를 택했고 그 결과 대학을 중간에 포기하고 예능계로 진출했다. 도중에 자기 적성에 맞는 직업을 택한 사람은 그래도 행복한 사람이다. 의사로 재직하면서도 예능활동을 하는 사람이 더러 있는데 이들은 중도에 대학을 포기하지 못했기 때문이다. 그래도 자기가 하고픈 일을 하기 위해 그 의사는 환자를 보는 사이사이에 예능활동을 열심히 한다.

또 어떤 부모는 자식의 출세와 성공에 목을 매는데 이런 사람도 앞에서 말한 부모와 같다. 물론 자식이 출세하고 성공하는 것은 모든 부모의 염원이다. 그것은 부모가 자식으로부터 어떤 도움을 받고자 하는 것이 아니다. 자식이 출세하고 성공해서 잘 살기를 바라는 단순한 부모 마음 때문이다. 그런데 이것이 지나친 부모가 있다. 이런 부모는 자식을 잘 키워야만 부모 자신의 인생이 성공했다고 착각하는 것이다. 그런 부모는 자식을 성공하고 출세하기 위해 필요 이상의 노력을 경주한다. 즉 자신을 또는 가정을 희생하면서까지 자녀를 뒷바라지한다. 그 정도가 심한 부모는 자식이 결혼하고 성인이 되었어도 자식의 일상생활에 관여한다.

자식으로부터 존경받기

아버지로서 성공한 사람은 자식으로부터 존경을 받는 사람이다. 학력이 높고 지식이 많으며 출세하고 성공한 아버지만이 자식으로부터 존경을 받는 것은 아니다. 비록 무학이고 지식도 부족하지만 가정을 굳건히 지키고 가족을 사랑하며 자기 일을 성실하게 수행하는 아버지는 자식으로부터 사랑과 존경을 받는다. 우리는 많은 위대한 인물들이 별볼일 없는 가정에서 태어났음을 잘 알고 있다. 예컨대 예수는 목수의 아들로 태어났고 간디의 아버지는 귀족의 마름이었다. 한국의 위대한 경영자 고 정주영 회장의 부친은 농사꾼이었다. 그들의 아버지는 공부도 못했고 지식도 일천했으며 출세와 성공과는 거리가 먼 사람들이다. 그러나 그들의 자식은 세계사에 빛나는 족적을 남겼다. 그들이 훌륭한 인재로 성장할 수 있었던 것은 그들 부모가 가족을 사랑하고 자기 역할을 성실하게 수행해왔기 때문이다. 자식들이 아버지를 사랑하고 존경했기 때문에 이들은 올곧게 성장하고 큰 인물이 될 수 있었다.

자식으로부터 존경받지 못하는 사람은 어떤 사람일까? 아버지가 경제능력이 없고, 바람을 피우고, 부부싸움을 자주하고, 자식을 미워하면 자식으로부터 지탄을 면지 못한다. 아버지가 자식이 필요로 하는 물질을 다 제공해주더라도 최소한 아버지가 해야할 역할을 외면한다면 그 아버지는 존경받지 못한다.

한가지 재미있는 사실은 적지 않은 부모들이 자기가 하는 일을 자식이 어떻게 받아들일지를 잘 모르고 행한다는 사실이다. 구체적으로 이야기를 해보자. 두 부모를 살해한 이O석의 아버지는 자식이 키가 작은 것을 빗대어 조롱한 적이 있다. 그런데 그 조롱은 사실 자식에게 투지를 불사르게 하기 위한 것이지 자식을 놀릴 의도로 한 것은 아니었다. 그러나 그 의도가 자식에게 큰 상처를 안겨주었다. 그는 O석에게 다음과 같이 말했다. "너는 키가 작아 아무 것도 할 것이 없다. 키가 작으니 다른 사람으로부터 멸시를 당할 것인데 그런 모욕을 받지 않으려면 열심히 공부해 남이 존경하는 판사, 검사, 의사가 되는 길 밖에 없다". 그의 아버지는 O석이 더 열심히 공부해야겠다는 각오를 갖도록 이 말을 한 것이다. 절대로 아들을 조롱하기 위해서 한 말은 아니다. 그러나 아버지의 이런 말은 그의 가슴에 비수로 꽂혔다. 왜냐하면 그는 자기의 키가 중학교 1학년 때나 고등학교 3학년 때나 변함없이 163cm이었기 때문이다. 그리고 그의 키가 자라지 않은 원인이 그가 3일에 한 번씩 하는 자위행위 때문이라고 생각했기 때문이다. 그래서 아버지가 자기 키에 대해 조롱하자 O석은 자기 자신을 더욱 학대하고 저주했다.

마이클 잭슨은 1세기에 한 명 나올까 말까하는 유명한 가수다. 그러나 그에게는 어렸을 때 아버지로부터 받은 상처가 너무 컸다. 그의 아버지는 마이클 잭슨의 코가 못생겼다고 핀잔을 주고 그가 노래를 계속 열심히 부르도록 채찍질했다. 그래서 그는 평생 어린 애를 낳지 않기로 했으며 결혼을 했으면서도 자기의 정자가 아닌 다른 사람의 정자를 자기 부인에게 인공수정해 자녀를 낳았다.

그는 자기 외모에 병적으로 집착해 성형수술을 여러 번 받았다. 심리학자들은 그가 과도하게 성형수술에 몰입하게 된 것은 어렸을 때 그의 아버지가 그의 코를 조롱했기 때문이라고 해석했다. 결국 그는 성형수술로 인한 얼굴모양의 변화로 대중을 회피하고 약물에 탐닉하여 말기에는 약물과다복용으로 사망하는 비운을 겪었다.

아버지가 자식을 조롱하는 것은 극히 삼가야 한다. 어린 마음에 깊은 상처를 주기 때문이다. 부모가 자식의 생김새를 놓고 별명을 짓고 놀리는 것도 피해야 한다. 부모는 장난삼아 하는 것이지만 자녀에게는 치명적인 모욕으로 남기 때문이다. 훌륭한 부모란 자녀의 단점을 지적하기보다 자녀의 장점을 지적하고 격려하고 칭찬하는 사람이다. 우리 기성세대의 부모들 특히 아버지는 자식을 칭찬하는데 인색했다. 좋은 일을 했어도, 성적이 우수해 우등상을 받아왔어도 그저 모른 척 했다. 자식을 칭찬하고 매를 아끼면 자식이 삐뚤어지게 자란다는 잘못된 육아방법을 택했기 때문이다. 아버지가 자식에게 화를 내고 매를 자주 들기는 했지만 자식을 사랑한다고, 자식이 똑똑하다고 칭찬하는데는 아주 인색했다.

2차세계대전 당시 독일이 영국을 무차별 폭격하자 영국국민들이 실의에 빠졌다. 이때 국민들에게 용기를 불어넣어 용감하게 히틀러에게 맞서 싸워 승리를 쟁취한 영국의 수상은 바로 윈스턴 처칠이었다. 그는 중학교와 고등학교 때 공부를 못해 반에서 바닥을 헤매었다. 그의 아버지가 재무부 장관을 역임한 것에 비하면 영 시원치 않은 자식이었다. 그러나 그의 어머니는 그에게 용기를 불어넣어주는데 정성을 다했다. 그는 처칠에게 '너는 딱 부러지게 어떤 훌륭한 자질이 있다고 말하기가 어렵다. 그러나 무엇인가 분명히 다른 사람이 갖지 못한 뛰어난 소질이 있는 것은 분명하다"라고 아들을 격려해주었다. 처칠의 어머니가 그의 아들을 비웃었다면 그가 오늘날 영국에서 제일 위대한 수상의 반열에 올라갈 수 있었을까? 절대로 아니다. 자녀의 장래는 부모하기 나름이다. 부모가 자녀를 어떻게 존중해주는가가 그들의 미래를 결정짓는다.

아버지의 가치관

아버지는 어린 자식에게 우상이다. 아버지를 전지전능한 사람으로 간주하고 자식은 아버지의 일거수 일투족을 모방한다. 그래서 아버지가 일상생활에서 보이는 행동, 습관, 생각, 가치관이 모두 자녀에게 그대로 각인되고 모방된다. 아버지의 가치관이 부지부식간에 자녀에게 그대로 이식되는 것이다. 우리가 흉보면서 닮은다는 말이 있는 것처럼 자식은 부모의 행동을 그대로 모방학습한다.

따라서 아버지는 자식 앞에서 추한 꼴, 추한 행동을 보여서는 안된다. 부부싸움은 가능한 한 자녀가 안 보는 자리에서 해야 한다. 그리고 나쁜 습관 예컨대 끽연, 과도한 음주, 그리고 도박 같은 것을 하지 말아야한다. 여기서 일일이 부모가 하지 말아야할 행동, 습관을 이야기하거나 반대로 부모가 해야 하고 모범을 보여야 할 내용을 일일이 열거할 수는 없다. 지각 있는 부모라면 자식 앞에서 무엇을 행하고 행하지 말아야할지를 어느 정도 감지할 수 있기 때문이다. 따라서 여기서는 중요한, 원칙 몇 가지만을 골라 살펴보기로 한다.

아버지는 자식에게 공부를 잘 하라는 주문 이외에는 주로 '무엇 무엇을 하지 말라'는 주의 및 경고를 발한다. 즉 '하라'는 주문보다는 하지 말라는 주문이 더 많다. 자식들은 하지 말라는 것은 많이 들어왔지만 구체적으로 어떻게 행동하고 사고해야 하는지에 관해서는 부모로부터 들은 것이 별로 없다. 그런데 사실 자식들은 고등학생이 되면 여러 가지로 고민하기 시작한다. 제일 고심하는 것은 자아정체 즉 자기가 어떤 성격의 사람이고 자기가 앞으로 무슨 일을 해서 어떻게 살아갈 것인가에 관한 것이다. 자아정체에 관해서는 앞에서 언급한 바 있으므로 여기서는 생략하기로 한다.

그 다음 자식들이 고민하는 것은 여러 가지 가치관에 관한 것이다.

가치관에는 궁극적 가치관과 도구적 가치관이 있다(Rokeach, 1968). 궁극적 가치관이란 우리가 인생에서 궁극적으로 추구하는 여러 가지 가치관 예컨대, 자유, 평등, 우애, 행복 등을 말한다. 한편 도구적 가치관이란 궁극적 가치관을 획득하기 위한 수단 즉 도구를 말하는데 금전, 학업, 열성 등이 이에 속한다. 자식들은 대학교에 가면 철학을 배우고 이런 가치관에 관해 공부할 기회가 있다. 또 교사나 친구로부터 여러 가지 정치적인 이념을 배운다. 그러나 자식들은 아버지로부터 더 구체적인 가치관을 습득하기를 갈망한다. 그러나 우리 대부분은 자식들에게 그런 가치관에 관해 이야기를 잘 해 주지 않는다. 예컨대 인생을 어떻게 사는 것이 행복한 것인지, 돈이 우리 인생에 얼마나 소중한 것인지, 친구의 우정이 얼마나 중요한 것인지, 그래서 우리기 어떻게 살아가야 할지에 관해 이야기 해주는 부모는 아주 적다.

자식이 커 이성교제를 할 때 부모의 도움이 필요하다. 우리는 어떤 여성이 배우자감으로 적합한지에 관해서 윗사람으로부터 교훈을 듣지 못한다. 어떻게 생각하면 자기 배우자는 자기가 고르기 때문에 부모의 간섭이 필요없다고 생각하는 자식이 더 많을 것이다. 그래서 결혼생활을 하다보면 자기가 고른 배우자에 만족하지 못하고 후회하는 경우가 많다. 저자는 대학 다닐 때 엉뚱한 배우자 상을 가진 적이 있다. 여자가 멋있게 담배 피우는 것을 외국영화에서 보고 나의 배우자도 담배를 피우면 좋겠다는 이상한 생각을 했다. 그러나 지금 생각하면 그것은 잘못되도 너무나 잘못된 배우자상이다. 담배는 남자에게도 해롭지만 특히 여자에게는 치명적이다. 그 이유는 여자가 임신한 경우 끽연은 태아에게 심각한 악영향을 끼치기 때문이다.

젊은 자식들은 배우자를 고를 때 무조건 미모만을 따진다. 그러나 우리가 경험한 바에 따르면 미모는 '화무 십일홍'이어서 오래 지속하지 못한다. 그래서 성격이 중요하다. 성격은 우리가 죽을 때까지 변치 않는다. 부부가 서로 성격이 맞아야 해로할 수 있다. 성격이 맞지 않으면 더 구체적으로 말해서 세상을 살아가는 방법, 어떤 것이 중요한 가치이냐에 관해 서로 의견이 다르다면 그 부부는 오래 살 수 없다. 부인은 세상에 제일 중요한 것이 돈이라고 생각하는 반면 남편은 인생의 행복은 물질이 아닌 정신세계의 만족에서 온다고 생각하면 이 부부는 같이 살기가 힘들다.

그래서 아버지는 자식에게 여러 가지 가치관 중 어떤 것을 중요하게 생각해야 하는지 더 구체적으로 말해 어떻게 인생을 살아야 하는지를 자식에게 가르칠 필요가 있다. 물론 아버지가 자식에게 학교에서 가르치는 것과 마찬가지로 꼭 강의를 할 필요는 없다. 평소 아버지가 돈에 대해서 갖는 태도, 경제관념, 또 행복이란 어디에 있는가를 행동으로 나타내면 그것이 바로 자식에게 전달된다.

저자는 아들에게 자랄 때 구체적으로 어떤 가치관을 가져야 한다고 이야기를 한 적은 별로 없는 것 같다. 나는 학문을 하는 사람으로 학문의 세계에서 열심히 공부하고 또 그런 과정에서 만족하는 모습을 자식에게 보여주었을 뿐이었다. 그래서 그런지 두 자식은 대학에 들어갈 때에도 돈 버는 분야보다는 학문의 세계를 두드렸다. 아들은 학부에서 수학을 전공했고 도미해서는 통계학을 하다 지금은 경영학 박사과정을 이수하고 있다. 언젠가 아들에게 어떻게 학자가 되려는 생각을 했는가 하고 물었더니 아버지가 집에서도 책을 열심히 읽고 학문하는 것에 만족해 하는 것을 보고 자기도 아버지의 길을 따르겠다고 결심했다는 것이다.

나의 아들은 연애할 때도 나에게 배우자의 자질로 무엇을 중시해야 하는가를 물어왔다. 나는 의외의 질문을 받고 고마워 나의 생각을 아들에게 말해주었다. 미모는 그렇게 중요하지 않다. 배우자의 성격과 가치관을 눈여겨 보라고 주문했다. 아들은 나의 말대로 좋은 배필을 만나 지금 행복한 결혼생활을 하고 있다.

현재 우리나라의 많은 부모들이 자식과의 가치관 차이로 고민을 한다. 제일 분쟁이 잦은 것은 배우자 선정이다. 우리나라 부모는 물론 외국의 부모도 자식의 배우자 때문에 갈등을 겪는 경우가 많다. 우리가 감명 받은 미국 영화 '러브스토리'를 상기해 보자. 이 영화의 남자주인공은 미국의 재벌의 아들이다. 그의 아버지는 하바드 대학에 기부금을 희사해 아버지 이름을 딴 대학건물이 있을 정도다. 그런데 아들이 결혼하고자 하는 배우자는 가문이 형편없는 소시민이다. 그래서 아버지가 아들의 결혼을 적극 반대한다. 또 이 부자는 여러 가지 가치관에서 서로 의견이 달라 아버지는 보수주의인 반면 아들은 진보주의다. 그래서 부자는 서로 갈등하고 반목한다. 결국 러브스토리에서 아들은 아버지와 결연하고 자기 애인 곁으로 돌아간다.

자식과 부모 간에 여러 가지 가치관에서 의견충돌이 많지만 그 중에서 제일 갈등이 큰 것이 성에 관한 것이다. 부모는 혼전 성을 포함에 성과 관련한 모든 것에 보수적인 태도를 취한다. 즉 남녀가 혼전 성경험을 해서는 안 된다는 것이 부모의 생각이다. 그러나 많은 젊은 자식들은 혼전성경험을 할 수 있다고 생각한다. 이런 추세에 관해서는 저자가 연세대생을 조사한 결과를 통해 앞에서 이미 밝힌 바 있다.

우리나라에 경우 아버지와 자식 간에 가치관에서 큰 차이를 보이는 또 다른 영역이 있는데 그것은 정치적 이념에 관한 것이다. 특히 보수와 진보에 대한 태도이다. 대부분의 기성세대들은 보수이고 그래서 시장경제제도를 지지하며 민주주의를 신봉한다. 그러나 자식세대 중 적지 않은 사람들은 진보주의를 찬성한다. 사실 진보라는 말은 잘못 붙혀진 것이다. 진보(Progressive)는 보수나 진보를 막론하고 모든 정치단체들이 추구하는 정치적 신조이다. 그런데 우리나라에서는 민노당 처럼 사회주의를 지지하는 정당은 진보라고 칭하는데 그것은 틀린 명칭이다. 민노당은 사회주의 정당이라고 불러야 한다. 많은 대학생들은 자유민주주위를 기치로 내세운 한나라당은 보수꼴통이라고 칭하고 좋아하지 않는다. 반면 민주당이나 민노당을 지지하는 경우가 많다. 그래서 부자지간에 각종 선거에서 서로 반목한다. 이렇게 된 원인 중의 하나는 학교에서 역사교육을 잘못했기 때문이다. 교과서가 잘못 집필되어 6.25전쟁을 비롯하여 박정희 정권에 대해서 있는 그대로 역사적 판단을 하지 않고 편향된 해석을 한 경우가 많다. 또 일부 좌파교사들이 한국전쟁이 분명 이북의 남침인데에도 불구하고 이를 호도하는 교육을 해왔다. 박정희 정권이 군사독재정권임에는 틀림없지만 그가 추진해온 경제계획의 커다란 업적을 무시하고 그를 다만 독재자로 가르쳤다. 결코 그의 업적을 과소평가해서는 안 된다.

저자는 재직 시 수많은 좌파학생들이 잘못된 역사관, 가치관을 갖고 반정부활동을 한 것을 보아왔다. 물론 학생들의 주장이 전부 거짓인 것은 아니지만 상당부분 왜곡된 내용들이었고 그 중 대부분은 이북에서 주장하는 정치선전내용이었다. 부모뿐만 아니라 우리 사회 전체가 젊은이들이 올바른 가치관을 갖도록 교육하고 지도해야 한다.

결론적으로 말해 아버지와 자식 간에는 애초부터 서로 일치할 수 없는 여러 가지 상반된 가치관이 존재한다. 그래서 이 가치관 때문에 부모와 자시 간에 반목과 갈등이 생긴다. 그러면 어떻게 이 문제를 해소할 수 있는가? 제일 중요한 것은 평소 부모가 자식으로부터 존경을 받을 수 있어야 한다. 만일 자식이 부모를 존경한다면 자식은 처음부터 어떤 가치관을 가져야 하는가로 고민할 필요가 없다. 부모의 것을 그대로 따르기 때문이다. 설사 가치관 형성 때문에 고민을 할 경우라도 부모에게 도움을 요청하게 된다. 반면 부모가 자식으로부터 경원시 되면 문제는 심각해진다. 자식은 부모에게 보복하는 방법으로 부모와 전혀 반대되는 가치관을 갖고 이를 고수할 것이다. 그런 경우 자식에게 무리하게 부모가 원하는대로 행동하기를 고집해서는 안 된다. 그러면 '러브스토리'에서 보는 바와 같이 부모와 자식은 영 결별하게 된다.

앞에서 말한 바와 같이 가치관이란 여러 가지가 있고 따라서 이 가치관 하나하나에 관해서 언급하기는 어렵다. 따라서 이에 관해서는 이 정도로 이야기 하고 마지막으로 그동안 우리가 잘 생각해보지 않았던 중요한 가치관에 관해 이야기하기로 한다. 즉 유명한 심리학자 융이 지적한 한 특수한 가치관에 관해 이야기하고자 한다.

융은 프로이드의 제자로서 원래는 정신분석학자였다. 그러나 그는 프로이드를 넘어서는 훌륭한 성격심리학자, 사회심리학자로 추앙받고 있다. 그렇게 된 이유는 융이 인간을 본능의 만족을 추구하는 생물학적 존재로 간주하는 프로이드의 정신분석에서 탈피하여 자아실현과 자기개발을 위해 노력하는 존재로 인식했기 때문이다. 특히 융은 개인이 정신적으로 건강한가의 여부는 그가 자기 이웃에 대한 관심과 배려를 얼마나 가지고 있는가로 측정될 수 있다는 유명한 선언을 했다. 융은 우리 중에 자기 자신, 자기 가족의 이익과 안전에만 급급한 사람이 많은데 그런 사람은 정신적으로 건강하지 못한 사람이라고 말했다. 이웃을 사랑하고 이웃에 대한 배려를 하고 남의 자식을 자기 자식처럼 사랑하는 사람이 정신적으로 그리고 사회적으로 건강한 사람이라고 주장한 것이다. 우리 부모들은 자기 가족에 대한 사랑은 지극했지만 타인에 대한 배려는 적었다. 가계계승, 가문 번성은 자기 씨족, 가족에 대한 사랑을 강화시키는 효과를 가져 온 대신 타인에 대한 배려는 차단하는 결과를 가져왔다. 그래서 한국사람은 편가르기를 잘 하고 외국사람한테 배타적인 습성이 있다. 그런데 이런 자기가족중심의 가치관을 가진 사람은 폭넓은 사회생활을 하기가 어렵다. 특히 오늘날과 같은 지구촌시대에서 전 세계 사람들과 협동해 살아가기가 어렵다.

부모가 이웃에게, 그리고 친구들에게 어떤 식으로 행동하는가는 그의 자식들이 성장해서 타인을 배려하고 친절하게 대하는데 결정적 역할을 한다. 이웃과 잘 지내지 못하고 자주 불화를 일으키는 부모 밑에서 자란 자식들은 커서 자기 부모와 마찬가지로 타인을 사랑하고 존중하지 못한다. 그런 사람은 사회생활에서 왕따 당하고 낙오되기 쉽다. 타인을 존중하고 배려하는 태도는 부모가 자녀를 올바르게 성장하는데 꼭 필요한 가치관이다.

좋은 아내와 어머니 되기

좋은 남편 되기는 앞에서 단편적으로나마 다루었다. 그래서 이 장에서는 좋은 아내 되기를 다루되 좋은 어머니 되기를 한꺼번에 다루기로 한다. 먼저 좋은 아내 가 되는 방법을 살펴보자.

좋은 아내란 훌륭한 아내에 대한 생각이 시대에 따라 많이 달라지고 있다. 조선시대에 훌륭한 아내란 남편에게 순종하고 칠거지악을 저지르지 않는 사람이었다. 칠거지악이란 다음과 같다; ① 시부모에게 순종하지 않는 것(不順舅姑), ② 자식을 낳지 못하는 것(無子), ③ 음탕한 것(淫行), ④ 질투하는 것(嫉妬), ⑤ 나쁜 질병이 있는 것(惡疾), ⑥ 수다스러운 것(口舌), ⑦ 도둑질하는 것(盜竊). 조선시대에는 아내가 칠거지악에 해당하는 경우 아내와 이혼할 수 있었다. 그러나 오늘날 이런 칠거지악을 여자에게 구속하는 사람은 하나도 없다.

이제는 남녀 평등사회이다. 따라서 여자도 남자 못지않게 자기주장을 하고 권리를 추구하고 있다. 최근 중류층 가정에서는 남편보다 오히려 아내의 권한이 더 커지고 있다. 예컨대 가정경제권을 아내가 갖고 자녀교육에 있어서도 아내의 발언권이 남편보다 더 강하다. 물론 이런 경향은 우리 사회가 전반적으로 서구화하고 그래서 여자의 지위와 발언권이 높아진 탓이다. 따라서 이제 칠거지악 같은 것은 옛날 문헌에서나 찾아볼 수 있는 사문화된 규범이 되었다.

사회적 문화적 변화에서도 변하지 않은 바람직한 아내상이 있을 것이다. 그것은 어떤 것일까? 이 문제를 한번 논의해 보기로 하자. 남자의 심리를 잘 아는 어떤 여성학자는 남자는 다 큰 어린애와 같다 라고 말한다. 그 학자의 말이 일리가 있다. 남자 즉 남편이 가장 좋아할 때는 부인이 남편을 우쭐하게 만들어 줄 때이다. "우리 남편이 최고다"라고 말해주면 남편은 그만 사족을 못 쓴다. 이런 남자의 자기 우월감 동기는 동물세계에서 수컷이 암컷을 두고 사투를 벌이는 광경에서 유추에 낼 수 있다. 수컷은 자신이 다른 수컷보다 더 우수하다는 것을 암컷에게 보여주어야 하는 본능적 욕구가 있다. 그래서 동물세계에서는 교미기가 되면 수컷끼리 암컷을 두고 싸움을 벌리고 이 중 이긴 수컷만이 암컷을 독차지 한다. 이런 수컷의 선천적 본능은 현대에 와서는 다른 사람과의 경쟁으로 진화했다. 그래서 남자들은 서로 경쟁하려는 욕구가 아주 강하다. 그러므로 아내가 남편을 추켜 주면 남편은 흐뭇해 한다. 따라서 남편에게 사랑받는 아내의 첫째 조건은 남편을 존중하고 남편을 최고로 여기는 것이다.

옛날에는 으뜸가는 부덕(婦德)의 하나로 아내의 음식솜씨를 꼽았다. 그래서 그런지 과거 남존여비시대에는 우리나라에서 여자들이 제일 많이 지망하는 학과가 가정학과였다. 가정학과는 가사와 요리, 그리고 육아를 주로 가르쳤다. 대학을 가지 못하는 여자들은 집에서 부모로부터 가사와 요리를 배운다. 그런데 남녀 평등시대인 요즈음은 여자들이 가사와 요리를 배우러 대학에 가지 않는다. 그리고 어머니로부터 요리를 배우지도 않는다. 그러다보니 영 요리솜씨가 말이 아니다. 현대 사회에선 또 요리란 반드시 여자만 해야 된다는 법도 없다. 요즘 남자들 중에는 아내를 위해 요리솜씨를 발휘하는 사람이 있다.

그러나 역시 사랑받는 아내가 되기 위해서는 여자가 요리솜씨를 익히는 것이 중요하다. 아내의 요리는 집안 식구의 건강을 좌우하고 식구들의 음식기호를 결정한다. 우리는 어렸을 때 부모가 만들어준 요리를 고수하는 경향이 있다. 어머니의 요리에 우리의 맛이 길들여졌기 때문이다. 따라서 건강식의 요리를 하는 어머니는 자식을 건강하게 키운다.

여기서 사랑받는 아내의 역할이나 모습은 이 정도로 끝내기로 한다. 왜냐하면 지금은 남녀평등사회이고 여성우월시대이므로 이런 식의 이야기는 더 이상 여자들로부터 환영받지 못하기 때문이다. 왜 사랑받는 남편이야기는 논하지 않느냐고 공박을 받을 가능성이 많다. 오히려 이런 내용보다는 이제 여성우월시대인 만큼 아내가 잘못할 수 있는 문제를 토의하는 것이 더 효과가 있을 것이다.

앞에서 저소득층 가정의 문제를 설명하면서 혼외정사가 상당히 빈번함을 지적했다. 그 사례를 보면 혼외정사는 주로 남자들이 행했고 여자가 저지른 것은 한 사례뿐이었다. 그런데 중류층이나 상류층으로 올라갈수록 여자의 외도도 높아갈 가능성이 많다. 왜냐하면 여자들이 왜 외도가 남자만 가능하고 여자는 불가능하냐고 반문해 여자도 외도를 할 수가 있기 때문이다. 그래서 이 문제를 한번 검토해 보기로 한다.

여자의 바람 여자도 권태기에 들어갈 수 있고 그래서 외간 남자와 혼외정사를 할 수 있다. 저자는 최근 케이블 텔레비전에서 '바람'(Unfaithful)이라는 영화를 보았다. 이 영화의 줄거리는 아내의 외도를 다룬 것이다. 남편 에드워드 섬너(리차드 기어)는 코니 섬너(다이안 레인)와 11년차 부부이다. 그들에게는 9살 먹은 사랑스러운 아들이 있다. 부부는 무엇 하나 부러울 것이 없는 아주 이상적이고 완벽한 결혼생활을 하고 있다. 에드워드는 중소기업사장이고 뉴욕 멘해튼 교외의 중산층 주택에 살고 있다.

아내 코니가 맨해튼에 일보러 나갔다가 바람이 세게 불어 넘어져 가벼운 상처를 입는 사고가 발생했다. 이때 옆에 있었던 불란서 출신의 남자 마텔(올리비에 마르티네즈)이 도와주고 그의 끈질긴 권고로 그의 아파트에 가서 상처를 치료받는다. 마텔이 그녀를 유혹하는 눈길을 보냈으나 코니는 단번에 이를 물리치고 귀가한다. 그러나 집에 돌아온 후부터 그녀는 마텔의 야성적 매력, 그의 재치 있는 대화 등이 눈에 어른어른 거려 방황한다. 그러다 용기를 내어 그의 아파트에 전화를 걸고 맨헤튼에서 만나 드디어 두 사람은 깊은 육체의 향락에 빠진다. 코니는 일주일에 한 번 맨해튼에 가 마텔과 진한 사랑을 나눈다. 그러나 꼬리가 길면 들통이 나는 법, 드디어 두 불륜의 연인이 식당에서 진한 키스를 나누다 남편 직장의 한 사원에게 현장을 들킨다. 이 사원은 능력이 있는 사람이고 그래서 경쟁회사에서 이 사원을 스카웃해 가려던 참이다. 그 낌새를 눈치 채고 남편인 에드워드는 그 사원을 해고하는데 그에 앙심을 먹은 사원은 에드워드에게 부인단속이나 잘 하라는 악담을 퍼붓고 퇴사한다. 그러지 않아도 최근 아내 코니가 얼굴에 화색이 돌고 또 화려한 옷을 구매해 이상한 느낌을 받은 에드워드는 사립탐정을 시켜 아내를 미행한다. 사립탐정은 코니가 일주일에 한 번 마텔의 아파트를 방문하고 사랑을 나누는 장면을 몰래 사진찍어 증거로 제시했다. 아내를 끔찍이 사랑하는 에드워드는 불륜이 찍힌 사진을 보고 감정이 폭발한다. 그래서 마텔의 아파트로 찾아가 항의를 하다 우발적 충동으로 마텔을 살해한다. 완전범죄를 기하기 위해 자기의 흔적을 모두 제거하고 마텔의 시신을 차의 트렁크에 넣어 쓰레기 하치장에 폐기한다.

마텔은 기혼자이었고 그의 아내와 별거 중이었다. 오랫동안 소식을 끊자 그녀의 아내가 경찰의 실종신고를 낸다. 경찰은 아파트에 들어가 마텔의 수첩을 뒤지고 거기서 코니의 전화번호를 알게 된다. 경찰이 그녀의 집을 방문해 코니를 심문한다. 그러나 코니는 그와는 우연히 사고로 만났을 뿐이라고 시치미를 땐다. 그러던 어느 날 코니가 남편의 바지를 세탁기에 넣으려다 주머니가 불룩해 그것을 뒤져보니 사립탐정이 자기가 마텔과 데이트한 것을 찍은 한 통의 사진이었다. 그래서 코니는 에드워드가 마텔을 살해했을 것이라는 추정을 하고 남편을 추궁한다. 남편은 모든 사실을 털어놓고 자기가 경찰에 자수하겠다고 결심한다. 이 때 코니가 극구 저지한다. 이번 사고의 모든 원인은 자기로부터 시작된 것이므로 이 죄를 둘이 평생 동안 짊어지고 살자며 남편을 말린다. 경찰서로 가던 부부의 자동차가 경찰서 문을 지나쳐 통과하면서 영화의 막이 내린다.

이 영화를 소개한 이유는 앞으로 우리 사회에서 비단 남편뿐만 아니라 여성의 외도도 많이 발생할 것이기 때문이다. 과거와는 달리 요즈음 젊은 세대 여성들은 남성 못지않은 자유분방한 성 관념을 갖고 있다. 앞에서 저자는 연세대생 중 적지 않은 학생들이 프리섹스와 혼전성경험을 그리 나쁘게 생각하지 않는다는 것을 지적했다. 이런 젊은 사람들은 전근대적 성 관념을 가진 기성 세대보다 남녀를 불문하고 결혼 후 외도 할 가능성이 높다.

아직까지 한국에서는 부부의 혼외정사는 간통죄란 명목으로 형사처벌하고 있다. 그러나 최근 이 법을 폐기하려는 움직임이 있어왔다. 최근 헌법재판소에서 5대 4로 이 법의 존속을 판결했다. 그러나 사실 성인들 간의 성행위를 법이 관여한다는 것은 법의 취지에 맞지 않는다는 여론이 강하게 일고 있어 앞으로 이 법의 폐기는 시간문제라고 생각한다. 그렇다면 앞으로 우리나라에서도 부부들이 혼외정사를 하는 사례가 빈번하게 발생할 것이고 이는 바로 부부파탄 또는 가정파탄으로 이어질 것이다.

앞에서 저자는 남편의 외도는 아내하기 나름이다라고 말했는데 이것은 남편에게도 해당한다. 여자가 외도하는 것은 남편하기 나름이다. 남편이 아내를 사랑하고 존중해주고 아껴주면 아내가 바람을 피울 이유가 없다. 그러나 권태기에 들어갔다고 남편이 아내를 더 이상 사랑해주지 않거나 직장 일에 바빠 아내를 쳐다보지도 않으면 아내는 바람을 피우기 쉽다.

한국 중류층 여성의 문제점 최근 우리나라에 전문직 종사자 여성이 급격히 늘어났다. 법조계, 연구직, 그리고 의료계에 여성들이 많이 종사하고 있다. 그리고 결혼한 후에도 직장을 다니는 여자가 많이 늘고 있다. 그러나 외국에 비하면 아직 우리나라 여성취업자는 아주 적은 숫자다. 중산층 대학 출신의 여자가 결혼한 후 가정에서 전업주부를 하는 경우가 더 많다. 그런 경우 몇 가지 문제가 발생하기 쉽다. 이제 그 문제를 논의해보기로 한다.

요즘 가전기기의 발달로 주부의 가사 일이 많이 수월해졌다. 예컨대 세탁기, 가스 오븐, 전기밥통, 전자레인지, 진공청소기 등의 개발로 여성의 집안 일이 많이 수월해졌다. 게다가 요즈음은 부부가 자녀를 2명 이하로 낳는다. 그래서 여성이 결혼 후 10~15년 정도가 되면 아이들이 대개 초등학교 3~6학년이 되기 때문에 어린애 뒤치다꺼리나 가사 일에 시간을 많이 빼앗기지 않는다. 그래서 남는 여가시간을 어떻게 보낼 것인가로 주부들이 고민하기 시작한다.

어떤 주부는 교회에 나가 교회봉사활동에 전념하는가 하면 어떤 주부는 자기가 그동안 등한시했던 취미활동을 시작한다. 그래서 독서를 하든가, 음악을 공부하든가 아니면 그림을 배우러 다닌다. 이런 여가활동을 하는 주부들은 문제가 적다. 그러나 이런 취미생활을 하지 않는 주부들은 잘못하면 우울증에 빠지기 쉽다. 남편은 직장 일에 몰두하느라 정신이 없지만 주부들은 자녀를 학교에 보내고 나면 그 때부터는 할 일이 별로 없어 흔히 공상에 빠지게 되는데 특히 자기 삶을 되돌아보게 된다. 그렇게 되면 자기가 지금까지 남편과 자식을 위해 희생해왔고 자기는 아무 것도 성취한 것이 없다는 후회가 파도처럼 밀려온다. 전문직업을 갖고 있는 동창생들이 결혼생활도 잘하면서 자기 직업분야에서 괄목한 업적을 쌓는 것을 보고는 열등감이 들고 결혼생활을 후회하게 된다. 그 때 남편이 아내의 심정을 파악하고 아내를 다독거려준다면 이런 공허감, 패배감을 보상받을 수 있다. 그러나 아내의 심리를 이해하지 못하는 남편이 아내의 우울증에 짜증을 내거나 퉁명스럽게 반응하면 아내는 더욱 깊은 우울증에 빠지게 된다. 여자는 어차피 폐경기가 되면 갱년기 우울증을 갖게 되는데 만일 이 두 가지가 겹치면 즉 가사일에서 잠시 여유를 가진 주부가 공허감, 패배감을 갖는데 이때 설상가상으로 갱년기 우울증이 겹치면 심한 정신적 방황을 하기 쉽다.

그런 경우 어떻게 정신적 방황에서 벗어날 수 있는가? 자기 나름대로 자아실현할 수 있는 길을 모색해야 한다. 만일 결혼하기 전에 하고픈 일이 있었다면 그것을 추구하는 것이 좋을 것이다. 외국에서는 자녀를 어느 정도 키운 아줌마 세대들이 대학, 또는 대학원에 입학하는 사례가 점점 늘고 있다. 만일 경제적 능력이나 열의가 있다면 대학을 졸업하지 못한 주부, 또는 더 높은 교육을 받고자 하는 주부들은 이제 더 이상 가정에 자신을 가두지 말고 자아실현을 하기 위해 대학이나 대학원에 진학할 것을 권하고 싶다.

갱년기 우울이나 전업주부의 우울을 방지하기 위해서 여성들이 졸업 후에 취업을 하고 결혼 후에라도 계속 직장을 갖는 인생계획을 세울 필요가 있다. 더 나아가 여성들은 대학에 입학하기 전에 자기가 전문직을 택해 결혼 후에도 직업을 계속 유지하겠다는 진로계획을 세워 그 계획에 적합한 학교와 전공할 학과를 정하는 것이 좋다.

정리한다면 한국 중산층의 전업주부들은 결혼 후 10~15년 사이에 심각한 자기회의, 자기 인생에 대한 실망감을 경험하기 쉽다. 그리고 이런 심리적 갈등을 해소하지 못하고 사이비 종교, 다단계 회사, 남자의 유혹에 빠지는 경우가 더러 있다. 그런 유혹에서 벗어나려면 자기 취미를 살리고 자아실현을 하기 위한 활동을 해야 한다. 그리고 어쩔 수 없이 우울증이 온다면 심리학자를 만나 조기에 치료를 받아야한다.

좋은 어머니 되기

일반적으로 가정에서 아버지가 자식에게 중요하다고 인식하고 있는데 이것은 사실과 다르다. 아버지보다는 어머니가 자식과 지내는 시간이 더 많기 때문에 그리고 어려서 어머니가 자식을 양육하기 때문에 아버지 보다 더 중요하고 자식에게 많은 영향을 준다. 저자는 1장에서 어머니가 자식과 애착이 잘 되어야 함을 강조하고 그 예를 든 적이 있다.

극히 일부를 제외하고 대부분의 어머니는 모성애 때문에 선천적으로 자식을 사랑하고 잘 돌본다. 자기를 희생하면서까지 자식을 돌보기에 우리는 어머니를 생각하면 고마움과 함께 눈물을 금할 수 없다.

그러나 어머니의 자식에 대한 지극정성이 과열되는 경우 오히려 자녀와의 관계에서 아버지 보다 어머니가 더 문제가 될 수 있다. 저자는 그 예로 이 책의 1장 '부모 교육열과 자녀'와 관련해 H양을 예로 들었다. 그러나 H양의 사례는 문제가 그렇게 심각하지는 않다. 어머니가 자녀를 대하는 방법을 개선하거나 심리학자에게 도움을 청하면 자녀와의 관계는 쉽게 해결된다. 앞에서 언급한 H양은 저자로부터 상담을 받아 부모와의 관계가 개선되고 또 성적도 향상되었다. 저자는 그 학생에게 공부를 열심히 하라는 주문을 전혀 하지 않았음에도 불구하고 그 학생은 부모와의 관계가 개선되면서 공부에 열중해 성적이 향상되었다.

반면 이 책 1장의 '어머니를 욕하는 딸의 이야기'에 소개한 Y양의 경우는 심각하다. 이 경우는 어머니가 딸에게 어머니로서의 역할을 제대로 수행하지 못해 모녀간의 관계는 최악을 달리고 있다. Y양의 어머니는 Y양의 사소한 행동에 신경을 쓰기보다 딸의 자아정체, 진로 등을 다 잡아주었어야 한다. 그런데 이런 역할은 그녀의 능력에 벗어난 것이다. 다행히 상담심리학자가 개입되어 모녀간의 분쟁이 해결될 수 있었다. Y양의 어머니와 같이 자식을 통제할 수 없는 경우 과감하게 전문가를 찾아 나서야 한다.

어머니는 아버지와는 달리 자식의 말에 귀를 귀울인다. 아버지는 자기 일에 바쁘기 때문에 자녀와 대화할 시간도 없고 또 대화하는 방법을 모르는 경우가 많다. 그러나 어머니는 시간에 여유가 있고 여성은 남자보다 친화성이 더 높아 남의 말을 경청하고 공감하기를 잘 한다. 그래서 자식이 아버지보다 어머니에게 자신의 문제를 호소하고 의지하게 된다. 이제 구체적으로 어머니가 자식에게 어떤 식으로 좋은 역할을 할 것인가를 생각해보기로 하자.

자녀의 친구관계 자녀는 어리거나 나이가 들거나 막론하고 학교생활에서 제일 문제가 되는 것이 친구관계다. 일반적으로 부모들은 자녀가 공부 때문에 학교생활에서 어려움을 겪고 있다고 생각하는데 이것은 잘못이다. 공부는 둘째 문제이고 친구관계가 제일 큰 고민이다.

학생들 세계는 성인세계와 달라 친구들이 짝패를 이루어 학교생활을 한다. 짝패란 서로 뜻이 맞는 학생들의 모임으로서 자기들끼리만 어울린다. 그러다 보니 그 짝패에 끼지 못하는 학생은 늘 겉돌기만 하고 따돌림 당하기 십상이다. 못된 짝패들은 겉도는 학생을 골탕 먹이고 못살게 군다. 이것이 소위 따돌림이고 그중 반에서 가장 따돌림을 많이 당하는 학생을 일컬어 '왕따'라고 한다. '은따'도 있는데 이 학생은 겉으로 대놓고 따돌림을 당하는 것이 아니라 은근히 그렇지만 집요하게 따돌림을 당하는 학생을 말한다.

학생이 따돌림을 당하면 학교생활이 엉망이 된다. 우리는 1장에서 부모와 애착형성이 되지 않은 한 여학생이 어떻게 따돌림을 당하게 되는지를 잘 보아왔고 그 결과 그 학생이 어떤 학교생활을 하는지를 역력하게 살펴볼 수 있었다. 두 부모를 죽인 고려대 재학생 O석 군도 마찬가지로 반에서 따돌림을 당했다. 이렇게 학생이 따돌림을 당하면 그 학생은 평생 씻을 수 없는 상처를 받게 되어 공부를 포기하고 자살까지 감행한다. 우리는 매스 콤을 통해 제주도에서 왕따 당한 초등학생이 왕따 시킨 학생들 명단을 유서에 적어놓고 "너희들을 절대로 용서하지 않을 것"이라고 저주하며 자살했던 사건을 기억하고 있다.

그런데 왕따를 당한 학생은 그 사실이 창피해 이를 부모나 담임에게 호소하지 못한다. 설사 호소하더라도 문제가 깨끗하게 해결되는 것은 아니다. 부모나 담임이 왕따를 시킨 학생을 불러놓고 야단을 하면 왕따 가해자들은 시치미를 떼고 그 사실을 부인함은 물론 그 후에는 왕따를 더 가열차게 못살게 군다. 그래서 많은 왕따들이 이 사실을 타인에게 호소하고 싶지만 상황이 더 악화될까봐 이를 알리지 못하고 벙어리 냉가슴 할 뿐이다.

따라서 어머니가 자식이 왕따를 당하고 있지 않은가를 항상 눈여겨 보아야한다. 그래서 부모는 어떤 학생이 주로 왕따 당하고 왕따 당하는 학생이 보이는 행동특징은 무엇인가를 잘 알아 둘 필요가 있다.

왕따 당하는 학생들의 특징은 양극(兩極)적이다. 공부를 잘하고 경제적으로 상류층이며 모범생인 학생이 친구로부터 질시를 받아 왕따를 당한다. 제주도 모 초등학교학생이 이 경우인데 이 학생은 우등생이고 학생회장을 맡을 정도로 우수한 학생이었다. 그러나 친구들의 질투로 왕따를 당하고 결국 건물옥상에서 투신자살했다.

반대로 공부를 아주 못하고 집안형편이 어려워 옷도 후줄근하게 입고 다니는 학생이 왕따 당한다. 이 경우는 이 책 1장에서 예로 든 애착을 형성하지 못했던 K녀가 해당된다. 외할머니가 그녀를 키워 그녀는 옷을 제대로 차려입지 못했고 학부모회의 때 늙은 할머니가 나타나 그녀는 친구들로부터 놀림감이 되었다. 왕따 당하는 학생들의 성격특징을 살펴보면 이기적이어서 남과 잘 어울리지 못하거나 아니면 너무 열등감이 많아 친구가 못살게 굴어도 반항하지 못하는 나약한 성격이다.

왕따는 우리가 생각하는 이상으로 집요하게 행해진다. 저자가 2000년 동료교수와 KBS 1TV와 공동으로 서울시내 Y중학교 교실에 비디오

카메라를 설치하고 1개월 동안 관찰한 결과 그 반에서 한 왕따가 발견되었다. 그는 하루에도 몇 번 씩 학생들로부터 발길로 이단 옆차기를 당하는 등 심한 구타는 물론 수업시간 중 친구가 시키는 대로 이상한 얼굴모습을 지어야하는 곤욕을 치루어야 했다. 연구자들이 너무 충격을 받고 그 학생에게 어떻게 그런 구타와 모욕을 당하면서 학교에 다니는가, 나 같으면 학교를 퇴교하겠다고 말했더니 그는 아무런 대책이 없기 때문에 어쩔 수 없이 학교에 나오는 것이라고 자조적으로 이야기했다(이 연구에 관한 자세한 내용은 저자가 책으로 쓴 '교실이야기', 이훈구, 2001, 2002를 참조할 것).

왕따 당하는 학생들은 그로 인해 어떤 행동을 보이는가? 왕따 당하는 자녀는 다음과 같은 특징을 갖는다. 첫째 갑자기 성적이 떨어지고, 둘째 이유 없이 아프다고 학교를 가지 않는다. 셋째 가끔 얼굴에 구타 흔적이 있거나 가방과 책 그리고 옷이 찢겨져 있다. 넷째 가끔 이유 없이 혼자 울며, 다섯째 우울증을 보이고 가끔 죽고 싶다는 이야기를 한다. 만일 자식이 위와 같은 다섯 가지 특징중 그 어느 것 하나를 보인다면 어머니는 자식이 왕따가 아닌가 의심하고 꼭 확인해야 한다.

만일 자녀가 왕따로 발견되면 부모는 어떻게 처신해야 할까? 방법은 간단하지가 않다. 상황에 따라 필요한 조치를 강구해야 한다. 저자가 동료와 연구할 때 나타난 왕따는 초등학교에서부터 왕따를 당했는데 그 원인은 사실 어머니에게도 일부 있었다. 어머니는 오랫동안 아들을 못 낳다가 드디어 아들을 낳았다. 아들이 너무 소중해 그를 과잉보호했다. 그래서 쓸데없이 학교에 자주 찾아가 선생님에게 자기 아들을 잘 부탁한다는 이야기를 하는 등 소위 치맛바람을 일으켰다. 그 결과 이 학생은 친구와 싸움이 벌어지면 쪼르르 담임선생님에게 고자질을 했고 이 때문에 반 친구들로부터 미움을 받았다. 이 학생이 초등학교를 졸업하고 중학교에 입학하고 보니 그는 이미 전교에 왕따로 알려져 있었다. 그 원인은 초등학교 친구들이 모두 같은 지역거주자라 모두 같은 Y중학교에 입학하고 그들이 그가 왕따라는 것을 입소문 내었기 때문이다. 부모는 자식이 왕따 당하는 것을 안타깝게 여겨 가해학생들을 집에 초대해 맛있는 음식을 대접하고 아들을 더 이상 못살게 굴지 말라고 부탁했다. 그 결과는 어떠했을까? 가해학생들이 더 자주 왕따를 시켰는데 그 이유는 그렇게 하면 그 어머니가 다시 자기들을 초대할 것이라고 착각했기 때문이다.

자녀가 왕따로 판명된 경우 우선 학교의 담임에게 이 사실을 알리고 학교와 상의해야 한다. 그러나 불행하게도 대부분의 학교에서는 왕따 문제를 잘 해결하지 못한다. 그런 경우 가해자의 부모를 만나 가해학생이 계속 자녀를 왕따시키면 사법당국에 고발하겠다고 경고할 필요가 있다. 현행법상 왕따 가해자를 고발할 수 있고 그 부모에게 배상청구를 할 수 있다.

가끔 학교에서는 왕따 피해자를 다른 학교로 전학시키라고 부모에게 권하는 수가 있는데 이를 따라서는 안 된다. 다른 학교로 전학하면 그 학교에서 왜 이 학생이 전학 왔는가를 학생들이 조사하기 마련이다. 전학해온 학교의 학생들이 자기 친구 중 왕따가 다니던 학교에 있는 친구들을 통해 전학해온 학생이 왕따였는가를 알아보기 마련이다. 그 사실이 밝혀지면 전학한 학교에서 학생들이 자녀를 다시 왕따시킨다. 즉 한 번 왕따는 영원한 왕따로 살아가기 마련이다.

결론적으로 말하면 왕따 당하는 경험은 부모로부터 편애당하는 것과 같은 심각한 심리적 상흔을 당사자에게 끼친다. 그리고 이 상흔은 일생 동안 지워지지 않은 채로 남겨지게 된다. 따라서 부모들은 자녀의 학교 성적보다는 자녀가 학교에서 왕따 당하지 않는가를 늘 주시해야 한다.

파탄 난 가정을 돕기 위한 사회와 정부의 역할

가정이 건실해야 우리의 2세들이 건강하게 자란다. 그렇게 되면 나라가 편안하고 부강해진다. 반면 가정파탄이 잦고 파탄난 가정의 자녀들이 보호받지 못하면 그들은 나쁜 길로 빠지기 쉽고 그렇게 되면 사회가 불안해 진다. 따라서 국가가 가정을 보호하는 것은 가장 중요하고 필요한 정책이다. 이제 파탄 가정을 돕기 위한 우리의 노력을 몇가지 주제로 나누어 제시하기로 한다.

자녀의 양육권 문제 최근 우리나라에서 이혼율이 증가해 파탄난 가정이 많이 생겨났다. 가정파탄 즉 부부가 이혼하면 어떤 일이 발생하는가? 우선 자녀의 양육문제가 발생한다. 미국에서 이혼하는 경우, 부부 중 누가 자녀를 양육할 것인가의 문제를 이혼법정에서 엄격하게 판단한다. 우리의 경우는 양육권을 아버지에게 넘기는 경우가 흔하다. 이는 유교에서 혈통을 중시하는 전통에서 비롯된 것이다.

그러나 자녀는 어머니가 키우는 것이 더 마땅하다. 어머니는 강한 모성애가 있기 때문에 자녀를 잘 키우기 때문이다. 그런데 어머니에게 자녀양육권을 넘기는 경우, 자녀 양육비가 문제가 된다. 따라서 미국에서는 이혼한 남편이 아내에게 위자료는 물론이거니와 매달 자녀 양육비를 지급하라는 엄중한 처분을 내린다.

한국에서도 최근 이혼한 부부의 경우, 위자료와 자녀양육비를 남편에게 부과하는 법적 판결이 잦다. 이는 파탄난 가정의 자녀를 보호하기 위한 배려다. 그러나 법의 시행에 문제가 있다. 이혼한 남편이 매달 자녀양육비를 지불하지 않아도 미국처럼 체포되거나 형사 처벌을 받는 경우가 드물다. 그러나 미국에서 자녀양육비는 남편 월급에서 자동적으로 전 부인에게 이체된다. 그리고 자녀양육비를 지불하지 않은 남편에게는 체포영장이 발부된다.

한국은 이혼가정의 자녀를 보호하려는 시늉은 내고 있지만 실제로 그 효과는 보지 못하고 있다. 미국식의 강력한 대책이 마련되어야 한다.

폭력가정의 문제 가정폭력은 의외로 많다. 이 책의 1장과 2장에서 밝힌 여러 사례가 이를 증명한다. 그리고 가정폭력은 경제하류층만 아니라 경제 상류층에서도 많이 발생한다. 폭력남편은 여러 가지 심리학적인 문제를 가진 사람이고 흔히 어렸을 때 아버지로부터 폭력을 당한 경험이 있다. 그리고 남편과 아버지의 폭력은 쉽사리 치료되지도 않는다. 그래서 저자는 상담을 요청해온 매 맞는 부인들에게는 과감하게 이혼하라고 권고한다.

우리는 외국과 달리 주위에서 가정폭력을 목격하고도 이를 도외시한다. 내가 남의 가정문제에 관여할 필요가 있는가하고 생각하기도 하고 또 아이들은 매 맞을 때는 맞아야한다는 자녀양육법을 은근히 지지하기 때문이다. 그러나 이 책에서 미국의 한 이민가정의 예를 들었지만 미국에서는 가정폭력을 절대로 좌시하지 않는다. 그 이유는 매 맞는 부인, 자녀가 불쌍하기도 하지만 매 맞고 자란 이들은 그 상처가 너무 깊어 정신과적 문제가 발생하기 때문이다. 어떤 경우는 유O철처럼 연쇄 살인범으로 전락하기도 한다.

따라서 우리도 외국처럼 폭력가정을 그대로 방치하지 말고 사법기관에 고발하는 풍토가 조성되어야 한다. 그런데 폭력가정을 경찰에 고발하는 것으로 문제가 끝나는 것은 아니다. 피해가족을 보호하는 실질적인 제도와 방안이 강구되어야 한다.

최근 우리나라에서도 매 맞는 부인을 보호하기 위해 폭력가장에게 엄한 처벌을 내려 예컨대 접근 금지명령 등을 부과하는 경우가 있다. 그러나 실제 이런 법원의 처벌이 효과적으로 시행되는 것을 보기는 어렵다. 왜냐하면 징계를 받은 남편이 다시 부인에게 접근하고 폭력을 행사할 수 있는 여지가 너무 많기 때문이다. 그러면 이를 해결하기 위한 방법은 무엇인가?

미국에서는 매 맞는 부인을 보호하기 위한 시설이 많다. 아내와 자녀들을 폭력남편으로부터 격리시켜 보호해주기 위해서다. 그런 시설에서 어머니와 자식들은 편안하게 생활할 수 있다. 그러나 한국은 일부 종교기관과 자선단체에서 몇 곳을 운영하고 있을 뿐 지자체나 정부가 이를 전폭적으로 지원하는 곳이 드물다. 경제선진국에 걸맞게 우리정부도 폭력가정을 보호하는데 많은 예산을 투입해야 한다.

양육위탁가정제도의 도입 어떤 가정은 부모가 둘 다 문제가 있다. 즉 부모가 둘 다 자식을 학대하고 양육을 제대로 하지 않는 것이다. 부모가 알콜중독이나 약물 중독자인 경우, 어머니가 이혼의 충격을 벗어나지 못하는 경우 자녀들은 부모로부터 충분한 양육을 받지 못한다. 그런 가정을 위해 미국에서는 자녀의 양육을 다른 가정에 위탁한다. 위탁가정에게는 필요한 경우 정부에서 양육비를 지원해준다. 그러나 대부분의 경우 자녀를 키우고 싶어 하는 가정에서 무료로 파탄난 가정의 자녀를 맡아 기른다. 미국의 유명한 인사들 중에는 어렸을 때 가정파탄이 났지만 건실한 위탁가정에서 양육 받아 훌륭한 인물로 성장한 경우가 적지 않다.

우리나라에서도 아동학대를 하는 가정이 발견되면 부모가 법의 제재를 받고 자녀양육권을 박탈하여 위탁가정에 자녀를 인계하는 제도가 발의되고 시행되어야 한다. 그리고 자녀를 기르고 싶은 건실한 부부들이 파탄난 가정의 자녀를 맡아 길러주려는 아름다운 풍토가 조성되어야 한다.

가정폭력을 감시하는 사회제도 미국이나 구라파에서는 가정폭력을 감시하기 위한 여러 가지 사회적 묵계가 형성되어 있다. 각급 학교의 교사들이 해야 할 중요한 책무 중의 하나는 학생이 부모로부터 학대

당하고 있는가를 감시하는 것이다. 교사가 학생이 상처를 입었거나 우울증에 빠진 경우, 학생에게 그 원인을 채근하여 만일 부모로부터 학대가 있은 경우 그의 부모를 경찰에 고발한다.

이는 의사도 마찬가지다. 청소년이 상처를 치료받기 위해 병원에 입원한 경우, 그 상처가 발생한 원인을 반드시 케묻는다. 그리고 만일 부모로부터 입은 상처로 판단된 경우, 그 부모를 경찰에 고발한다. 이렇게 미국에서는 아동학대를 감시하기 위해 여러 분야의 종사자들에게 그 고발책임을 지운다. 우리도 이런 제도를 마련하면 많은 가정폭력을 감소시킬 수 있을 것이다.

전문상담소의 육성 파탄난 가정을 돕기 위해서 그리고 가족구성원들의 여러 가지 고민과 갈등을 해결하기 위해서는 전문가의 도움이 필요하다. 저자가 이 책에서 밝힌 바대로 자녀는 자녀대로 그리고 부모는 부모대로 그리고 부부는 부부대로 여러 가지 고민과 갈들이 있다. 이들의 문제를 해결하기 위해서는 전문상담가가 필요하다.

다행히 우리나라에는 임상심리학자, 상담심리학자들이 많이 배출되어있다. 그러나 이들이 일 할 무대가 외국처럼 열려져 있지 않다. 미국이나 구라파에서는 심리학자들이 환자를 치료할 수 있고 그 치료비가 건강보험에서 지불된다. 그러나 한국에서는 의사만이 개업해 환자를 받고 보험공단에 치료비를 청구한다.

정신과 의사가 가족문제를 담당하지만 그들의 숫자가 적고 또 그들은 심리학자가 아니므로 전문심리학자들이 환자에게 베풀 수 있는 혜

택을 제공하지 못하는 경우가 많다. 예컨대 아버지로부터 매 맞은 아들, 어머니와 애착형성이 되지 못한 딸을 보듬는 데에는 반드시 정신과 의사의 약물처방이 있어야 하는 것은 아니다. 심리학자의 외상 후 스트레스 치료방법과 상담이 더 효과적일 수 있다. 따라서 정부는 전문심리학자들이 가정문제 해결에 개입할 수 있도록 과감하게 제도와 법규를 바꾸어야 한다.

에필로그

인간이 만든 여러 가지 제도 중에서 가장 훌륭한 제도가 가족 및 가정이다. 가족제도는 농경기가 시작된 지금으로부터 약 5000년 전에 발달하였다. 수렵시대에서도 가족이 있었지만 현재 우리가 보는 전형적인 가정은 농경사회에서 생겨났다. 그렇게 된 이유는 수렵사회에서는 집단이 동물사냥을 하기 위해 여기저기 떠돌아 다녔지만 농경기에서는 농사를 짓기 위해서 한 곳에 안주해야했기 때문이다. 또 농사를 많이 지으려면 많은 인력이 필요한데 대가족이 형성되면 이 문제를 해결할 수 있다.

이렇게 농경기에서 발달한 가족제도는 그 후 산업화시대, 탈산업화시대, 그리고 지금 볼 수 있는 정보화 사회에서도 큰 변화 없이 지속되어 오고 있다. 물론 농경기시대 때의 가족제도가 많이 변모해온 것이 사실이다. 농경기의 대가족 제도는 산업시대를 거쳐 오면서 핵가족으로 바뀌어 졌다. 그렇게 된 원인은 산업사회에서는 농경사회와는 달리 가족 내에 많은 인력이 필요하지 않았기 때문이다. 농경사회에서는 힘이 중요했지만 산업사회에서는 힘보다는 손놀림이 더 중요했다. 따라서 산업사회에서는 확대가족 또는 대가족제도가 허물어지고 부부가 중심이 되는 핵가족이 탄생했다.

확대가족과 핵가족은 각기 장단점을 구비하고 있다. 문화인류학자인 마가렛 미드 여사는 한 사회의 전통과 문화가 후세대에게 잘 전달되기 위해서는 최소한 3세대가 한 가족 속에서 살아야한다고 주장했다. 농경사회는 확대가족이었고 따라서 할아버지, 아버지, 손자의 3세대가 한 울타리 안에서 기거했다. 그래서 그곳에서는 전통, 풍습, 습관, 규범이 자손대대로 잘 이어져 내려갔다. 그러나 대가족제도는 이런 장점이 있기는 하지만 반면 개인의 평등, 자유, 그리고 독자성이 억압당하는 불편한 집합체이기도 했다. 즉 아들이나 손자는 윗사람에게 복종해야하고 자신의 자유는 억압당했다.

반면 핵가족사회는 부부가 중심이 되므로 개인이 자유와 권리를 향유할 수 있다. 그러나 핵가족사회도 문제가 있는바 마가렛 미드가 언급한 것처럼 가족의 문화와 전통이 단절된다. 지금 미국 유학생 사이에는 '삐뽀삐뽀, 119'라는 육아 책이 널리 유행하고 있다. 이 책은 아기를 출산하여 젖먹이를 키울 때까지 어머니가 알아야 할 여러 가지 상식과 구체적 지식을 담은 책이다. 과거 대가족사회에서는 며느리가 임신하고 출산하면 시어머니가 며느리를 돌봐주어 며느리가 자녀출산과 양육 때문에 골머리를 앓을 필요가 없었다. 그러나 지금 미국에 유학하고 있는 한국 학생들은 임신하게 되면 당황할 수밖에 없다. 자기를 돌봐줄 시어머니, 친정어머니가 먼 곳에 있기 때문이다. 그런 때 위에 말한 책은 미국유학생 임산부에게 시어머니와 어머니 역할을 해 주는 아주 긴요한 책이 된다.

현재의 가족제도가 앞으로 어떤 모양으로 진화할는지 아무도 모른다. 일부 학자들은 핵가족이 그대로 지속되는 상황에서 일부 아류 핵가족이 탄생할 것이라고 예언한다. 아류 핵가족이란 동성애자들이 결혼을 하고 이들이 자녀를 입양해 전형적인 핵가족과 비슷한 가족생활을 하는 것이다. 또 학자들은 자식이 부모를 선택하는 시대가 올지도 모른다고 예언한다. 지금은 자식이 친부모와 기거하는 것을 당연하게 생각하고 있지만 앞으로 자식이 자기와 친한 친척 예컨대 고모, 삼촌, 이모등과 같이 기거하는 시대가 올 것이라는 이야기다. 즉 자식이 스스로 양육자를 선택하는 것이다.

앞으로 가족제도가 어떻게 변모 하던 간에 지금의 핵가족이 앞으로도 계속 지속될 가능성이 높다. 그 이유는 현 핵가족이 인간이 가족에서 얻고자하는 가장 중요한 욕구를 모두 충족시켜 주고 있기 때문이다. 우리가 가족 및 가정에서 얻고자 하는 중요한 욕구란 무엇인가? 제일 중요한 욕구는 성적인 욕구로서 우리는 한 사람과 지속적인 성적 관계를 갖고자 하는 욕구가 있다. 다음은 유전인자가 갖는 유전욕구로서 유전인자가 지속적으로 대를 이어가려는 욕구이다.

가족 또는 가정이 인간이 만들어 낸 가장 훌륭한 제도임에도 불구하고 가족에 대한 연구는 상대적으로 부실하다. 그간 사회학이나 문화인류학에서 가족제도의 형태와 그 변화과정, 가족 간의 역할 및 유대관계 등에 관해 많은 관찰연구와 사례연구를 해 왔다. 그러나 가족의 여러 가지 기능 및 그 구성원의 역할과 관련해 심도 있고 체계적인 연구를 하지는 못했다. 이는 심리학에서도 마찬가지다. 심리학은 아동발달, 부부관계, 부모-자녀관계 등을 과학적인 방법으로 많이 연구해왔다. 예컨대 육아방법, 부모의 역할, 부부관계의 유형 등을 실험, 관찰, 면담조사 등의 다양한 방법으로 연구해 왔다. 그런데 심리학적 가족연구는 큰 틀에서 조사하고 연구하기보다 애착형성, 부모와의 동일시 등과 같은 아주 작은 연구주제로 세분되어 연구되었다. 즉 가족문제를 가족이란 전체의 큰 테두리 속에서 연구한 것이 아니었다. 구체적인 연구주제 하나만을 선택해 이를 집중적으로 연구했기 때문에 그 문제가 우리가 전체 가족 및 가정을 이해하는데 어떤 도움을 줄 수 있는지 이해하기가 힘들다. 심리학자들마저 이런 불만을 갖는데 일반 대중은 얼마나 더 실망할까? 두 말할 필요도 없다. 예컨대 기존 심리학자들이 연구한 가족 및 가정에 관한 연구결과는 일반인들이 이를 소화해 활용하기가 어려운 아주 단편적이고 작은 주제였다. 그리고 그것이 너무 학술적인 용어로 쓰여졌기 때문에 일반인들이 이를 읽고 적용할 수가 없었다.

가족은 학자에게도 아주 중요한 연구테마이지만 우리 일반인에게도 마찬가지로 중요하다. 그 이유는 우리 누구나 싫던 좋던 어떤 가정의 일원이고 그 가정에서 일생을 보내야하기 때문이다. 우리가 가정생활에서 만족한다면 우리의 인생은 일단 성공한 것이다. 그러나 이렇게 인류가 발명한 가장 훌륭한 제도 속에서 우리 모두 다 행복하게 사는 것은 아니다. 한국은 가정이 튼튼하다고 외국 사람들이 부러워하고 있다. 그러나 아이러니한 사실이 하나 있다. 그것은 한국이 OECD국가 중 자살률이 제일 높다는 것이다. 그런데 그 자살원인을 살펴보면 가정문제가 첫째로 꼽힌다.

이렇게 가정이란 잘만 기능하면 우리에게 최고의 행복을 안겨주는 천국이지만 잘못 기능하면 지옥이 된다. 즉 천당과 지옥을 겸비할 수 있는 곳이 바로 가정이고 가족이다. 그래서 우리 누구나가 가정 및 가족에 관해 좀더 체계적인 연구를 할 필요가 있다.

저자는 올해로 심리학을 만 50년 동안 공부해오고 있다. 그러나 저자의 전공영역은 사회심리학이으로 저자는 가족 및 가정에 관해서는 개론 정도의 지식만 갖고 있을 뿐이다. 그럼에도 불구하고 저자가 만용을 부려 이 책을 쓴 이유는 아직 정통 심리학분야에는 가족심리학이라는 분야가 없기 때문이다. 그 이유는 위에서 말한 바와 같이 심리학자는 작고 구체적인 연구문제를 선호하기 때문이다. 그러다 보니 심리학자들이 가족 및 가정과 관련해 여러 가지 무수한 연구결과를 얻었지만 이를 집대성해 한 권의 책으로 출판하지는 못했다. 그래서 일반인들이 심리학자들로부터 도움을 받지 못하고 있다.

물론 이 책은 가족심리학에 관해 체계적이고 학술적인 내용을 갖추지 못했다. 다만 저자가 그간 사회봉사활동을 통해 얻은 여러 가지 사례, 그리고 주변 가정을 관찰하고 그린 스케치에 불과하다. 저자는 앞으로 이 책의 수준을 넘어서는 보다 체계적이고 학술적인 '가족심리학 책'을 쓰고 싶다. 이번의 책은 앞으로 저자가 그리려하는 큰 그림의 스케치에 불과하다. 본격적인 '가족심리학' 책을 쓰기 위해서 저자는 남은 여생동안 계속 노력할 것이다.

참고문헌

이훈구(2001). 교실이야기 1. 서울; 법문사.

이훈구(2002). 교실이야기 2. 서울; 법문사.

이훈구(2002). 미안하다고 말하기가 그렇게 어려웠나요. 서울; 이야기.

이훈구(2005). 대학이 변하고 있다. 서울; 법문사.

이훈구(2005). 이훈구 교수의 심리학 이야기. 서울; 법문사.

Baumrind, D.(1967). "The discipline encounter; Contempolary issues" Aggression and Violent Behavior. 2, pp. 321-335.

Buss. D. M., & Schmitt. D. P.(1993). Sexual Strategies: An Evolution Perspecive on Human Mating. Journal of Psychological Review. Vol. 100. pp. 204-232.

Cuber, J. F., & P. Harrloff(1965). Sex and the Significant American. Baltimore: Penguin.

Harlow. H. F., & Suomi. S. J.(1972). Nature of Love Simplified. American Psychologist. 25, pp. 161-168, 59.

Komarvsky, M.(1964). Blue-Collar Marriage. New York: Random House.

Levinger, George(1966). "Sources of Dissatisfaction Among Applicants for Divorce." American Journal of Orthopsychiatry, 36, pp. 803-807.

Rokeach, M.(1968). Beliefs, Attitudes, and Values. San Francisco; Jossey Bass.

저자약력

서울대학교 문리과학대학 심리학과 졸업
서울대학교 대학원 졸업(심리학 전공)
미국하와이주립대학 대학원 졸업(심리학박사)
독일 프랑크푸르트대학 심리학과 교환 교수
한국심리학회 회장
연세대학교 문과대학 심리학과 교수
현, 바른사회시민회의 운영위원

〈저서 및 역서〉

心理學의 理解(編著)
인간행동의 이해(공저)
現代心理學槪論(譯)
性格心理學(譯)
社會心理學(著)
産業 및 組織心理學(譯)
사회문제와 심리학(저)
무기력사회, 그 심리적 대처(저)
집단간 갈등의 해소(공저)
행복의 심리학(저)
교실이야기 Ⅱ(저)
자서전적 심리학(저)
심리학자가 내다본 일의 세계(저)
심리학자가 들여다본 인간시장(저)
사회를 읽는 심리학(저)
사람이해하기(공저)
정서심리학(공저)
연고주의(저)
사회심리학적 안녕(저)
심리학 이야기(저)
가난의 대물림을 어떻게 예방할 것인가(저)
교실이야기 Ⅰ(저)
당신의 행복을 설계해 드립니다(저)
성격은 이렇게 형성된다(저)

우리 가정이 무너지고 있다

2011년 10월 20일 초판 인쇄
2011년 10월 25일 초판 1쇄발행

저 자 이 훈 구
발행인 배 효 선
발행처 도서출판 法 文 社

413-756 경기도 파주시 교하읍 문발리 526-3
등 록 1957. 12. 12 / 제2-76호 (윤)
TEL 031) 955-6500~6 FAX 031) 955-6525
e-mail (영업): bms@bobmunsa.co.kr
(편집): edit66@bobmunsa.co.kr
홈페이지 http://www.bobmunsa.co.kr
조 판 법 문 사 전 산 실

정가 13,000원 ISBN 978-89-18-02368-7